Un Autre Regard

DE SUPERBES OUVRAGES TOUT EN COULEURS POUR DECOUVRIR EN IMAGES LA RICHESSE DE NOTRE PATRIMOINE

Des secrets de la « Gendarmerie nationale » aux surprises des « Objets de Pub », des dernières découvertes d'« Email & Pub » à l'histoire fantastique du chemin de fer ou des sapeurs-pompiers, François Bertin et Pascal Courault nous entraînent à la découverte d'un univers à la fois étonnant et émouvant servi par des milliers de photos couleur spécialement réalisées pour l'occasion.

OBJETS DE PUB
Quand la réclame se fait objet d'art
144 pages - 26 x 28 cm. Couverture souple avec rabats
Pascal Courault et François Bertin
20 €
131,19 F

CARTONS DE PUB
144 pages - 26 x 28 cm. Relié avec jaquette
Claude Weill et François Bertin
30 €
196,79 F

GENDARMERIE NATIONALE
Des prévôts du moyen âge au gendarme de l'an 2000
144 pages - 26 x 28 cm.
François Bertin
30 €
196,79 F

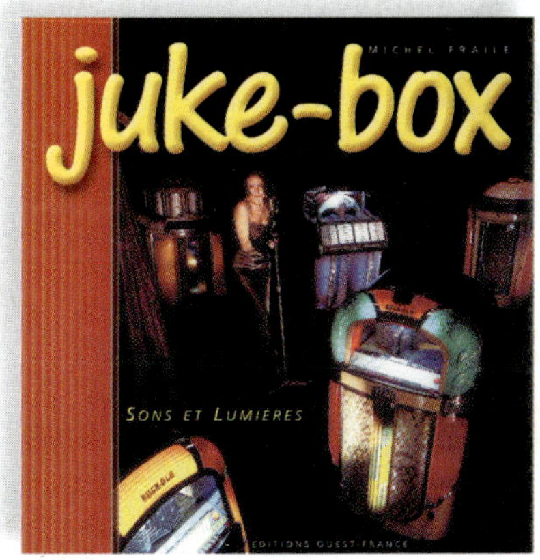

JUKE-BOX, sons et lumières
120 pages - 26 x 28 cm. Relié avec jaquette
Michel Fraile
30 €
196,79 F

LE FEU SACRE
La grande histoire des sapeurs-pompiers français
144 pages - 26 x 28 cm. Couverture souple avec rabats
Joan Deville, François Bertin et Pascal Courault
15 €
98,39 F

EMAIL & PUB
Un siècle de plaques émaillées publicitaires françaises
168 pages - 26 x 28 cm. Couverture souple avec rabats
Pascal Courault et François Bertin
23 €
150,87 F

LE TRAIN
Objets et souvenirs du chemin de fer
144 pages - 26 x 28 cm. Relié avec jaquette
François Bertin
30 €
196,79 F

VIVE LA RECRE !
Objets et souvenirs de l'école communale
144 pages - 26 x 28 cm. Couverture souple avec rabats
François Bertin et Pascal Courault
15 €
98,39 F

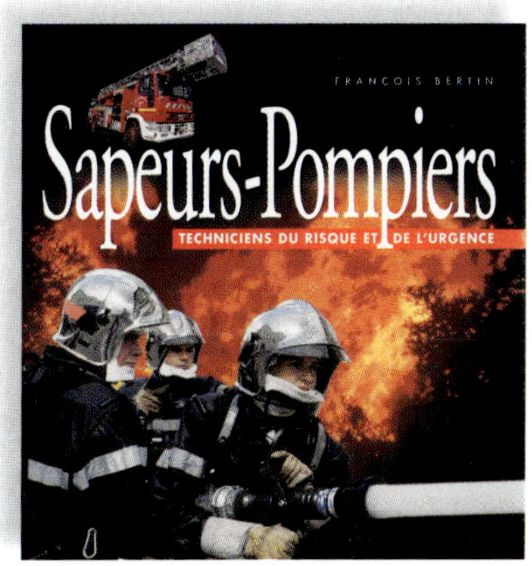

SAPEURS-POMPIERS
Techniciens du risque et de l'urgence
144 pages - 26 x 28 cm. Relié avec jaquette
François Bertin
30 €
196,79 F

YOUPI, C'EST JEUDI !
144 pages - 26 x 28 cm. Relié avec jaquette
François Bertin
30 €
196,79 F

Imprimerie de l'Indépendant - 53200 Château-Gontier

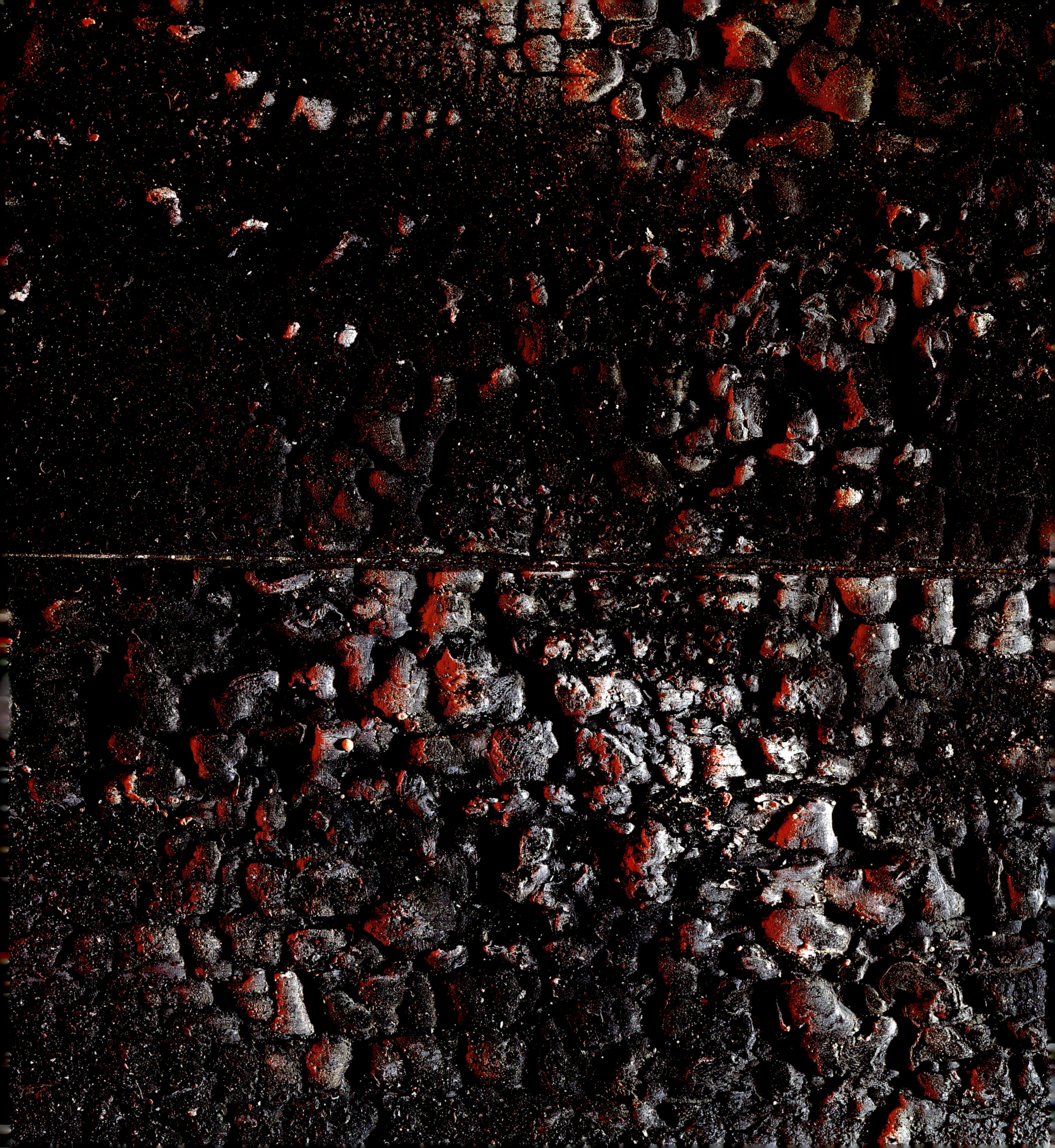

Le Feu Sacré

François Bertin
Pascal Courault
Texte historique de Joan Deville

Préface du colonel Bernard Janvier
Président de la Fédération nationale des sapeurs-pompiers français

ÉDITIONS OUEST-FRANCE
13, rue du Breil, Rennes

SOMMAIRE

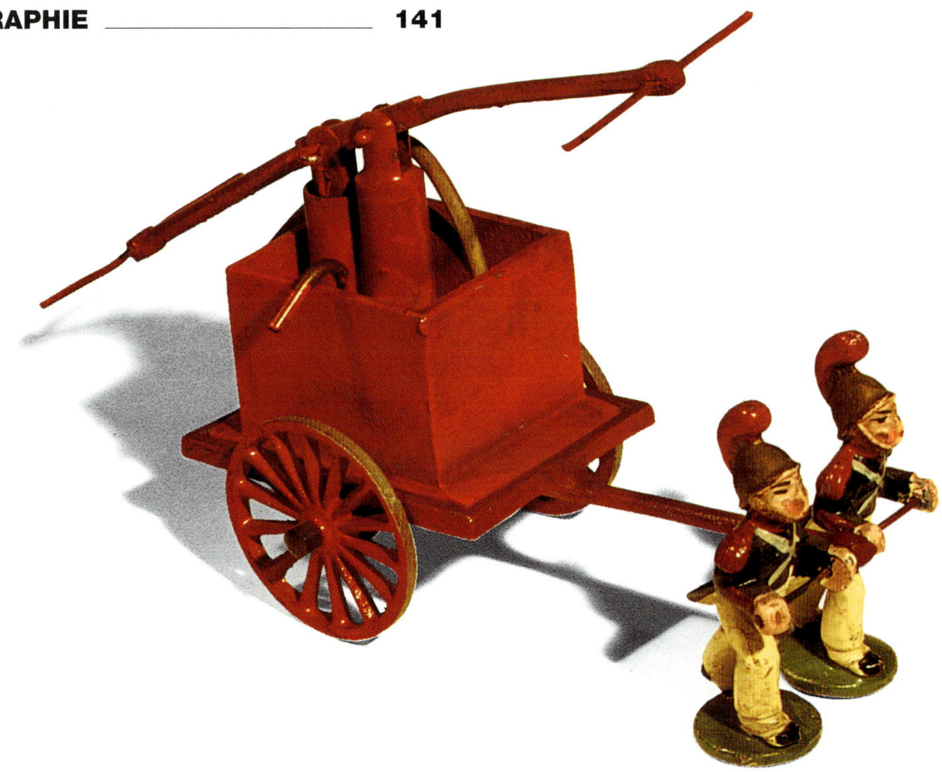

Dans une société qui n'admet pas la multiplication des dangers engendrés par une forme de civilisation de plus en plus complexe, qui refuse la mort pourtant inéluctable, qui met en place quantité d'organismes surprotecteurs (police, vigiles, assurances de toutes sortes...), qui édicte des règles contraignantes, sortes de fétiches, dans tous les domaines (mer, montagne, circulation routière...), on comprend aisément que les sapeurs-pompiers, devenus les techniciens du risque, répondant rapidement, efficacement, gratuitement et sans conséquence répressive ou financière, soient considérés comme les membres de la profession la plus prestigieuse, la plus admirée.

Depuis quelques décennies, psychologues et sociologues ont étudié et analysé les symboles du « phénomène pompier ». Portant des vestes noires, coiffés d'un casque, d'abord en cuivre rutilant, maintenant chromé, mais de tout temps brillant, provocant, fascinant, hypnotisant à la limite, ils luttent contre l'incendie, fléau antisocial dont la puissance destructrice menace tous et chacun, finissent par l'annihiler, rétablissent l'ordre social, en somme, au profit de la collectivité. Ils sont donc assimilés, plus ou moins consciemment (plutôt moins que plus selon les psychologues), à des hommes prestigieux, héroïques, ce qui implique courage et virilité avec toutes les connotations sexuelles qui en découlent et sur lesquelles nous n'insisterons pas. Même leurs voitures sont rouges, couleur du sang, de la vie, de la mort et du feu, prioritaires, rapides, s'annonçant par une corne à deux tons lancinante, obsédante.

Est-ce à dire pour cela que la population connaît bien les sapeurs-pompiers ? Des sondages fréquents et récents, régulièrement publiés dans la presse nationale, prouvent que ce n'est pas le cas.

Il faut convenir que le caractère complexe de leur organisation ne la rend pas immédiatement évidente. Si, à l'origine, il n'y avait que des pompiers volontaires et communaux, on recense actuellement des sapeurs-pompiers militaires, au service du public (à Paris, à Marseille, à Lacq...) ou au service de l'Armée seulement (bases militaires, arsenaux...), des sapeurs-pompiers professionnels et volontaires au service du public (ceux qui répondent à une demande de secours), des sapeurs-pompiers professionnels au service de certaines administrations (Bibliothèque nationale, domaine de Versailles...), des sapeurs-pompiers privés (usines chimiques, raffineries, aéroports,

grands magasins...), et même des appelés du contingent incorporés dans des formations civiles, sans oublier les ex-sapeurs-pompiers permanents.
D'autre part, si pendant longtemps les sapeurs-pompiers se limitaient à combattre l'incendie, ils interviennent de nos jours à tout propos, les départs pour feu ne représentant plus que 8 à 9 % des sorties, ce qui leur a valu le surnom de « bonnes à tout faire ». Cette extension de leur domaine de responsabilité, jointe aux informations imprécises des médias qui confondent sapeurs-pompiers, unités d'intervention de la Sécurité civile, pilotes de *Canadair*, a accru la confusion.
Les pages qui suivent ne prétendent pas constituer un exposé exhaustif car chaque chapitre pourrait faire l'objet d'un livre. Elles souhaitent simplement apporter, par le texte et par l'image, quelques éléments précis permettant de pénétrer dans les arcanes de cette « corporation », de comprendre le poids que la tradition et la solidarité y jouent, de suivre les difficultés permanentes du recrutement, le passage, progressif ou brutal, de petits groupes communaux obéissant à un chef côtoyé journellement à des formations départementales, bientôt régionales, dirigées par une hiérarchie mobile, plus ou moins lointaine.
Nous ne mésestimons pas que l'attrait des véhicules de secours est puissant et incontournable, aussi bien à l'origine de vocations pour ce métier qu'à celle des fausses alertes émanant d'asociaux, voire des incendies volontaires allumés par des pyromanes. Vous serez familiarisés, d'une manière trop succincte sans doute, avec quelques-uns de ces engins devenus très sophistiqués.
Comme il y a beaucoup à écrire, nous nous en tiendrons aux seuls sapeurs-pompiers du service public, dans les limites de la France métropolitaine considérée immuable dans ses frontières de 1994, sans traiter des sapeurs-pompiers de Savoie ou du comté de Nice avant 1860, d'Alsace-Lorraine entre 1870 et 1918, sans insister sur les différences qui peuvent subsister entre les corps et leur équipement. Ces limites posées, nous espérons vous apporter une information appropriée, aussi exacte que possible, reflétant les données historiques et techniques les plus récentes sur une profession demeurée mystérieuse et fascinante par son fonctionnement, ses missions, son matériel.

Joan Deville

INTRODUCTION

Le « Feu Sacré ». Aucune autre vocation que celle de sapeur-pompier ne pouvait mieux inspirer la réalité de cette expression. L'implication, le courage et le dévouement qui alimentent la vie de ces 230 000 hommes et femmes qui ont choisi pour éthique de vie l'assistance à autrui.

Qu'ils soient militaires, du Génie ou de la Marine, professionnels ou volontaires, ils œuvrent au quotidien pour notre sécurité. Et si nos sapeurs-pompiers ont su se faire apprécier de l'ensemble de la population, il n'en demeure pas moins que leurs missions, leurs responsabilités, l'étendue de leur rôle et de leurs compétences sont pratiquement méconnus.

Cette connaissance et, au-delà, reconnaissance de leur métier est l'unique but de cet ouvrage.

Puisse le lecteur au fil de ces pages lui aussi s'enflammer pour tous ceux qui, depuis des siècles, ont su entretenir et transmettre ce « Feu Sacré ».

François Bertin - Pascal Courault

Au Moyen Âge,
la défense contre
les incendies était
partiellement assurée
par les moines.

PRÉFACE

Volontaires pour la plupart, mais également professionnels ou militaires pour les autres, plus de deux cent mille Françaises et Français sont actuellement fiers d'être sapeurs-pompiers, et bénéficient d'un prestige et d'une cote d'amour inégalés dans notre population. Pourtant, la grande majorité de nos concitoyens ignore tout ou presque de l'évolution de leur fonctionnement et des difficultés qu'ils rencontrent.
Or, aujourd'hui, il n'existe aucun ouvrage en librairie qui puisse satisfaire leur légitime curiosité en leur apportant une vision globale mais rigoureuse sur ce sujet.
Qui mieux que Joan Deville pouvait tenter une synthèse dans laquelle tous ceux qui s'interrogent sur les sapeurs-pompiers pourront puiser de multiples informations ? Depuis de nombreuses années en effet, il publie des livres et des études inédites sur les sapeurs-pompiers (principalement dans notre mensuel fédéral Le Sapeur-Pompier), rassemble pratiquement toute la documentation écrite en français sur l'historique de ces formations, et dévore les revues étrangères.
Cet ouvrage, paraissant fort opportunément, n'est pas un traité prétendant à l'exhaustivité, bourré de références que le lecteur ne vérifie que rarement, ou truffé de tant de détails que l'on finit par s'y perdre. Ce n'est pas non plus un ouvrage de vulgarisation ressassant des notions maintes fois réécrites, mais il s'appuie sur les données les plus récentes et expose aussi impartialement que possible les orientations contemporaines souhaitées par les sapeurs-pompiers qu'il permettra de mieux comprendre.
Alors que ces sapeurs-pompiers regardent vers l'avenir et préparent l'organisation des secours du troisième millénaire, il n'est pas inutile de se reporter au passé qui explique fréquemment les imbroglios présents et peut contribuer à éviter le renouvellement des erreurs antérieures sous la pression d'événements passagers.
Je souhaite que ce livre trouve une large audience non seulement chez les sapeurs-pompiers français et étrangers mais aussi et surtout auprès du grand public.

Colonel Bernard Janvier
Président de la Fédération nationale
des sapeurs-pompiers français

Pompe à incendie de du Périer. Dessin de 1721.

DES POMPIERS AVANT LES POMPES

Peut-on parler de pompiers avant l'emploi de pompes ? Oui, si l'on se réfère aux principaux dictionnaires, dont celui de l'Académie française, qui les définissent, au sens général, comme « *des hommes chargés de porter secours en cas d'incendie…* » .
L'improvisation n'a fait place à des groupes organisés à l'avance et visés par des textes qu'à partir du moment où un pouvoir suffisamment structuré assura l'ordre et la sécurité dans des agglomérations devenues assez conséquentes pour abriter des meubles de valeur (outillage, armes, objets d'art, mobilier…) dans des bâtisses érigées autour de l'église ou de la cathédrale, enserrées dans des fortifications. En effet, organiser la lutte contre le feu dans un village de quelques huttes aussi vite construites que démolies, habitées par un clan très cohérent, était superfétatoire car tout le monde accourt ; il n'est que de lire les récits des ethnologues concernant des groupes humains vivant encore à l'état « primitif ».

DES « *VIGILI DEL FUOCO* » EN FRANCE ?

On relève à Nîmes la charge de rang inférieur de « *præfectus vigilum et armorum* », c'est-à-dire de préfet des vigiles et des armes.
Un texte gravé sur un autel conservé au musée de Lyon nous apprend qu'il a été érigé par Titus Flavius Latinianus, « *præfectus vigilium* » après un incendie dont la cité fut sauvée.
Une inscription romaine du Musée dauphinois, datée de 269, dit qu'un préfet des vigiles commandait une « *vexillatio* » en Narbonnaise.
La nature et le rôle exacts de ces préfectures restent toutefois encore énigmatiques et bien des hypothèses ont été émises : simple service de police lié au jeu, service de veille nocturne, service de lutte contre le feu à l'instar de ce qui avait été mis en place à Rome.

PREMIÈRES MESURES

Des ordonnances, bans, chartes, édits… imposèrent précocement des mesures de prévention.
Si le couvre-feu est une disposition des plus connues, l'interdiction d'allumer du feu dans une pièce d'habitation, sur une plaque de fer ou à même le plancher, surprend.
La cheminée resta le meilleur moyen pour se chauffer et cuire les aliments. Longtemps faite de quatre montants de bois joints de lattes recouvertes de torchis, elle propageait facilement le feu, aussi était-elle surveillée : commissaires les visitant à Nevers dès 1395, édits des gouverneurs de Besançon (9 juillet et 26 septembre 1424 interdisant ce type de construction). Abbeville au XVe siècle, Louviers en 1752, Chartres en 1778 les faisaient abattre en cas de mauvais état. À Lille, en 1408, des maçons assermentés et rétribués les inspectaient. Le ramonage devait être annuel à Dijon (1669). À Sélestat, il fallait détruire les nids de cigognes dans le mois suivant leur construction (1473).
L'alimentation en eau, seul agent extincteur, était primordiale et on imposait de conserver des baquets pleins d'eau devant chaque maison, en attendant l'érection de réservoirs (en 1683, le chapitre de Chartres envisagea d'en construire quinze, en cuivre rouge, dans les parties hautes de la cathédrale, sorte de « grand secours » jamais réalisé faute d'argent). On installa des fontaines, des bassins publics, des lavoirs, on posa des canalisations, en bois ou en plomb. Avant la pose de regards, on les crevait après avoir défoncé la chaussée pour former une mare servant à alimenter la chaîne. La détention d'un nombre de seaux en rapport avec la fortune des propriétaires, l'obligation de laisser accéder aux puits forés dans les cours intérieures étaient des mesures d'ordre général. L'interdiction faite aux charcutiers de flamber les porcs dans la rue (Reims, 1384), à quiconque de porter du feu dans la forêt (Sélestat, 1460), de tirer des fusées d'artifice, d'allumer des feux la veille de la Saint-Jean était fréquente.

« Mais où sont passés les tuyaux ?... »
Les seaux furent longtemps l'un des seuls moyens de lutte contre l'incendie.
Avec l'aide de toute la population, tout le village faisait la chaîne du point d'eau jusqu'au lieu du sinistre.
Seaux en cuir, en bois, en osier, puis en osier doublés de cuir, ont précédé l'arrivée des seaux en toile. Chaque seau était marqué au nom de la commune, d'un particulier, d'une corporation...

Les couvertures en chaume ou en paille furent réglementées, voire interdites en ville, comme à Troyes (1693).
Dans les ports, tel Marseille, les échevins se préoccupaient des manipulations de poix, de toile de voile, de poudre à canon. Même une compagnie privée, celle des Indes en l'occurrence, qui avait laissé s'édifier des baraquements à côté de ses chantiers navals de Lorient fit, par l'organe de son directeur (1692), « ... *très expresse défense à tous... afin d'empêcher les accidents de feu... de tenir chandelle allumée, passé huit heures du soir...* ».

Dessin exécuté sous la direction de Jacques Besson, mathématicien de François II, publié en 1756. Engin imaginaire, jamais réalisé.

PREMIERS POMPIERS

C'est à partir du Moyen Âge que des citoyens furent requis. Il y avait d'une part les chefs soit les édiles eux-mêmes (magistrat, échevins, capitouls...), soit des fonctionnaires délégués (lieutenant, fourrier, commissaire...) et d'autre part les « pompiers », citadins disponibles, faciles à rassembler, de préférence spécialisés. Citons quelques villes à titre d'exemples : Douai (ban de janvier 1247 ordonnant aux connétables d'établir les moyens nécessaires à combattre le feu, tant en hommes qu'en matériel), Metz (charte du 30 janvier 1299 accordant des privilèges aux tonneliers en considération des secours qu'ils portent dans les incendies), Bordeaux (délibération de la jurade du 4 août 1406 organisant les secours à partir des bouviers, maçons, charpentiers...), Chartres (ordonnance de 1422 faisant obligation aux porteurs d'eau de venir au feu avec leurs seaux pleins), Saint-Omer (règlement du 10 mars 1418), Toulouse (ordonnance capitulaire, en roman, du 3 juillet 1465, prévoyant l'élection de douze « fusiliers », de six teinturiers, de six tanneurs, exemptés de taille, pour éteindre le feu), Strasbourg (ordonnance de 1469 imposant aux artisans de se rendre devant la cathédrale en cas de feu), Orléans (édit de 1522 payant dix portefaix pour éteindre les incendies), Besançon (édit de 1524 créant une escouade de gardes du feu sous les ordres d'un capitaine), Sélestat (règlement de 1538 ordonnant aux corporations de se rendre au feu), Lyon (ordonnance royale de 1565 désignant douze maîtres charpentiers, six sur chaque rive, qui entretiendront chacun cinq hommes toujours prêts à partir au feu), Mulhouse (règlement organique de la milice de 1601 prévoyant des pompiers), Arbois (règlement de 1665 obligeant tous les couvreurs, maçons et charpentiers à se rendre promptement au lieu de l'incendie, sauf à payer cent sols d'amende), Castres (délibération municipale du 5 juillet 1669 choisissant divers charpentiers payés trois livres), Étampes (ordonnance de police de 1670 enjoignant aux maçons et charpentiers de venir au feu sous peine d'amende)...
On pouvait aussi faire appel à une milice (dizainiers, quarteniers, arbalétriers...) ayant une fonction de maintien de l'ordre à laquelle s'ajoutait celle de la lutte contre le feu, comme à Bourges (ordonnance du 10 janvier 1559 mobilisant les dizainiers et les capitaines qui percevaient chacun dix sols pour vacation aux frais de l'incendié). Les moines, quand existait une communauté nombreuse, apportaient leur aide, à moins qu'elle ne leur fut imposée, l'implantation du couvent étant subordonnée à leur intervention.
Pour sacrifier à la tradition, n'oublions pas de signaler que quelques villes mobilisaient les filles de joie pour faire la chaîne, simplement parce qu'on les savait chez elles en permanence. Citons Amiens (arrêté du 8 novembre 1472 stipulant que le bourreau, protecteur des filles galantes, doit s'assurer qu'elles remplissent les obligations auxquelles elles sont astreintes en cas de feu), Montbéliard (ordonnance du 9 juillet 1522, renforcée par celle du 26 septembre 1524).

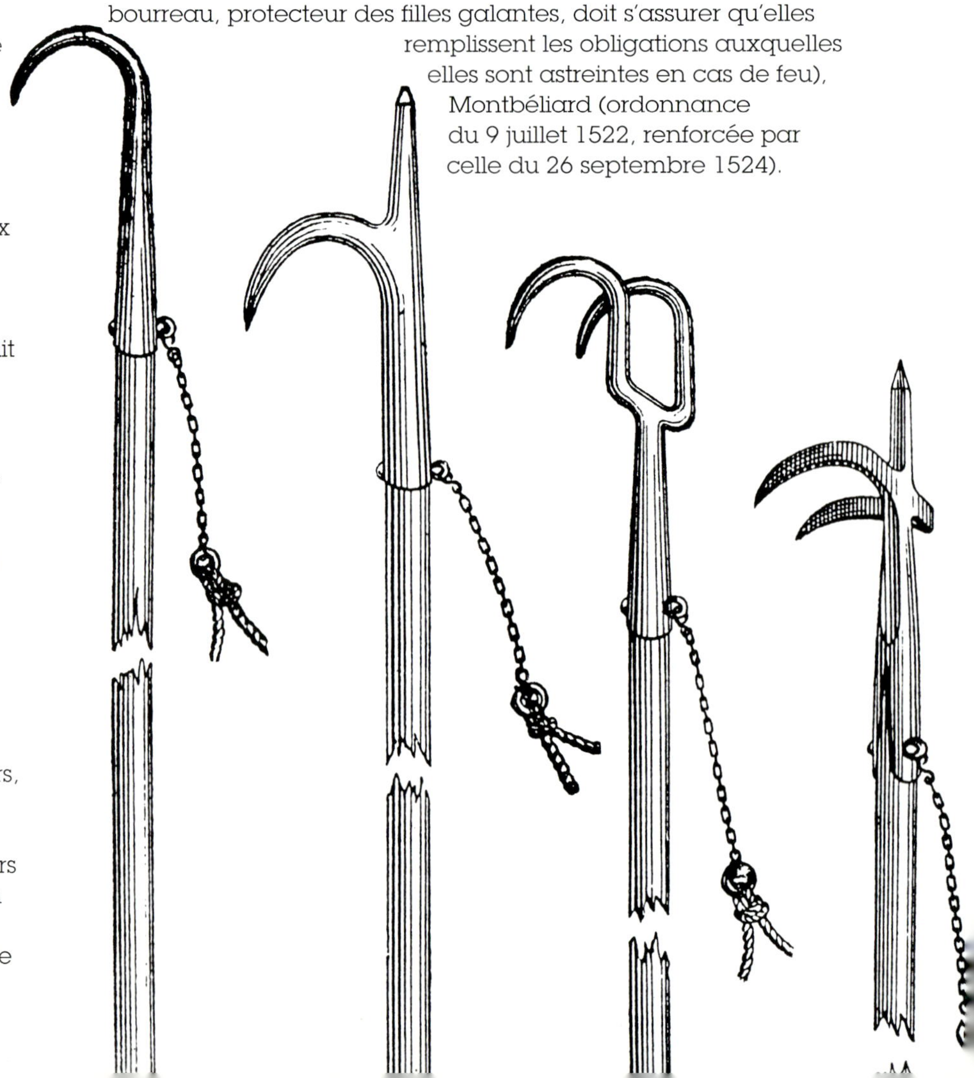

Bien que d'une portée médiocre et souvent lourdes à manipuler, des seringues furent utilisées en de rares cités pour la lutte contre l'incendie.

LE MATÉRIEL

Alors fréquemment désigné sous le générique d'ustensiles, il se composait de :
• « civières », sortes de brancards destinés à transporter les ustensiles de l'arsenal au lieu du sinistre, de charrettes tirées à bras ;
• tonneaux d'eau, ou tonnes, en bois, montés sur un chariot tiré à bras ou par un cheval, parfois un énorme baquet fixé sur une charrette... ;
• crochets, ou « crocs », simples, doubles, emmanchés à une perche de bois pouvant atteindre huit à dix mètres, servant à agripper des poutres ou des pans de murs chancelants pour les abattre ; ils étaient munis, à l'occasion, d'un anneau dans lequel on passait une chaîne ou un cordage pour exercer une traction à plusieurs ;
• échelles de fer, d'un seul plan, comme nous les montrent les gravures d'époque ou comme nous les décrivent les mémoires des artisans ;
• cordages en chanvre de diamètre et de longueur divers ;
• éponges mouillées, fixées à une longue perche (Lisieux) ;
• seaux dont l'appellation a varié au cours des temps et selon les régions (seel au XIIe siècle, seille, seilleau, sedel, seillot, sieau, siau, barrates, barras, sciau à Beaune, sailloz à Dijon, siaulx ou tines à Lille, scillot à Montbéliard, ceau au Puy-en-Velay...). Leur conception évolua : en cuivre, lourds et chers ; en bois, cerclés de fer, avec anse en corde ; en cuir bouilli, d'une seule ou de plusieurs pièces cousues latéralement et au fond (à partir de 1250-1300), puis avec jonc ou bourrelet à la partie supérieure. Leur forme allait du simple cylindre au tronc de cône ou de pyramide, moyen astucieux pour éviter les pertes d'eau pendant le passage mouvementé entre les mains de la chaîne. Ils mesuraient de trente à quarante centimètres

de haut, contenant une vingtaine de litres. Ils appartenaient à des particuliers (à Laon, à Barr… toute maison de cinquante livres de revenu devait fournir un seau), à des corporations, à des « tribus » (Mulhouse, en 1461, dit que chacune doit en acheter six en cuir), à des communautés religieuses (à Mâcon, chacune doit en déposer trois à l'hôtel de ville), plus souvent aux municipalités qui pouvaient les importer d'assez loin (par exemple Nevers, en 1457, en achète quarante à Liège, le jurat bordelais Lamothe deux cents en Hollande, Bayonne en 1600 en fait venir deux mille d'Angleterre, Montbéliard en 1471 en importe cinquante-cinq de Francfort). Mais habituellement, ils étaient confectionnés sur place (par exemple Lille, en 1360, rétribue le sieur Jehan Escarbielle) et marqués au chiffre de leur propriétaire (initiales entrelacées en couleur), aux armes de la ville… Mais le cuir restait un matériau onéreux du XVe au XVIIIe siècle, et par mesure d'économie, on passa au panier d'osier dont l'intérieur était « poissé », c'est-à-dire enduit de poix, ou tapissé de peau cousue (basane). Leur remplacement par des seaux en toile à voile vers 1825-1830, pliables et rangeables dans un sac suspendu à la pompe à bras, marqua le stade ultime de leur évolution. Sans entrer dans les détails, disons que les points de vue divergeaient déjà : un seau d'osier garni de toile ne se cassait pas en tombant d'un toit comme cela arrivait à un seau de bois ; par contre, il était difficile de le remplir en le descendant au fond d'un puits, opération facile avec le second.

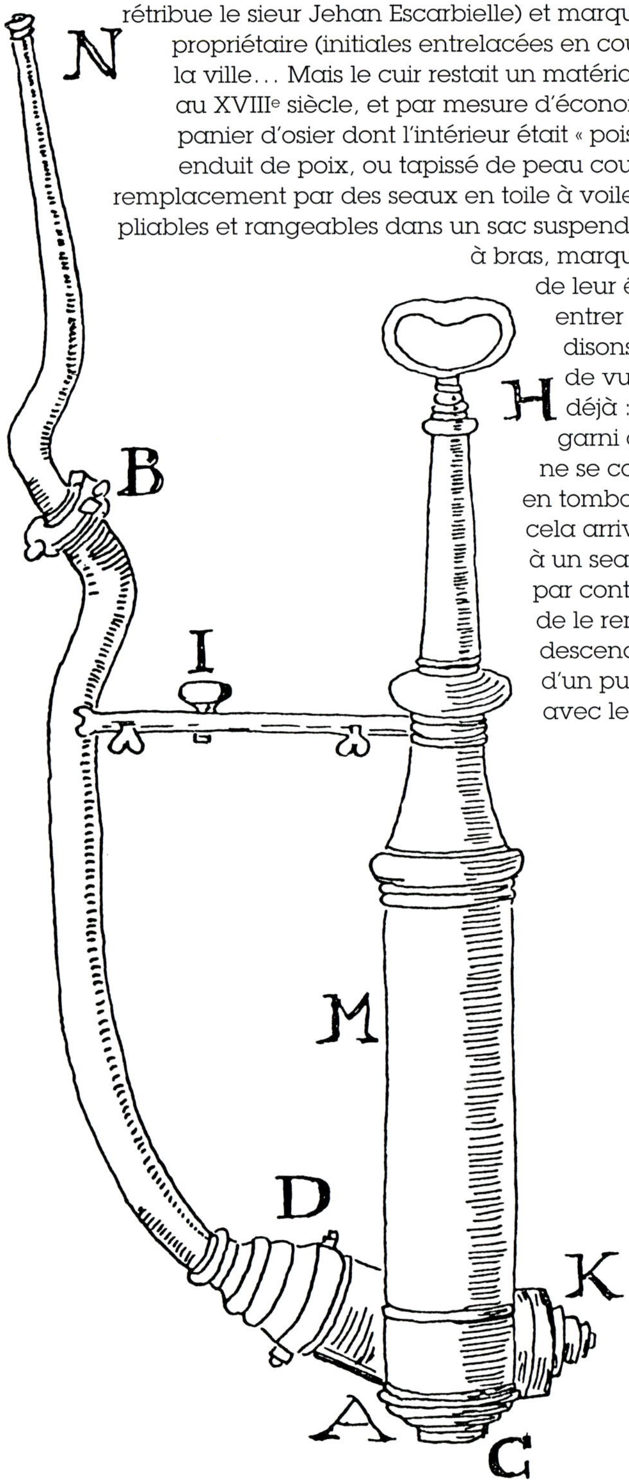

En 1750, Thillaye, fabricant de pompes à Rouen, proposait un véritable catalogue…

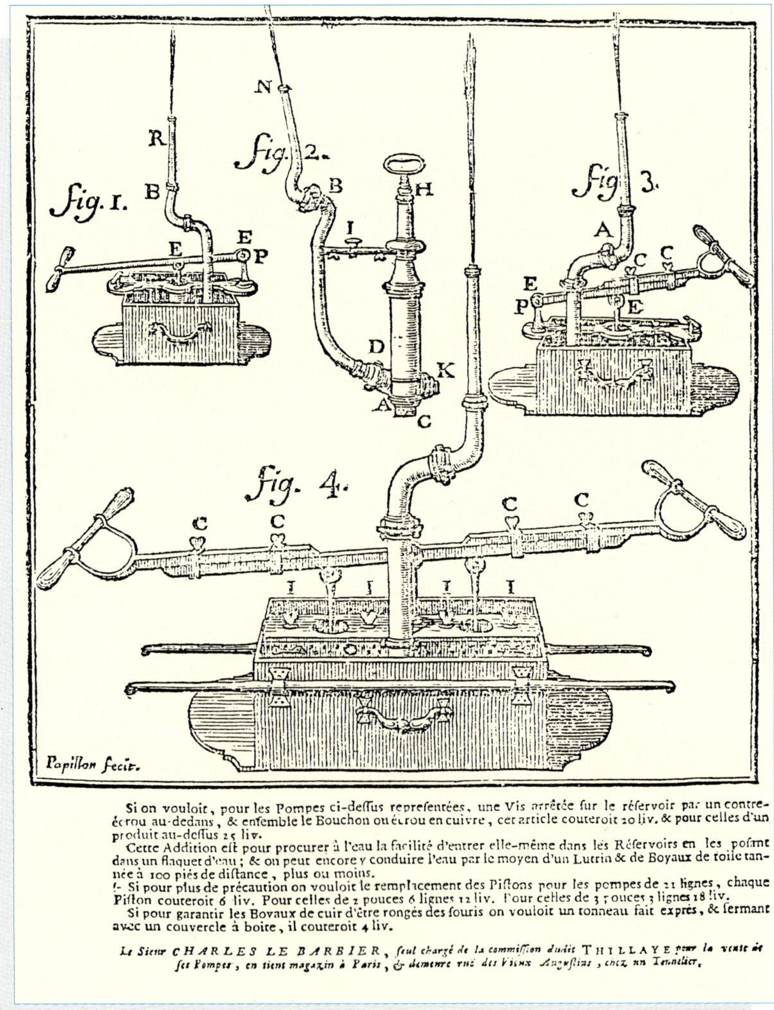

LES SERINGUES

Ce sont les « pompes à main » des textes d'époque, ce qui a trompé bien des copistes, dites « sanguettes » en certaines régions, énormes clystères en bois, en métal, munis ou non de poignées latérales pour que deux hommes puissent les tenir et diriger leur jet pendant qu'un troisième poussait le piston. Viollet-le-Duc s'appuie sur une publication de l'abbé Coffinet pour décrire la seringue de la cathédrale de Troyes, en bronze, longue de soixante-douze centimètres, d'un diamètre de vingt-quatre centimètres, contenant environ trois litres d'eau, les armes du chapitre étant gravées dessus.
Lyon en employait en 1501, Grenoble en acheta six en 1537, Besançon en importa dix-huit de Nuremberg en 1600, Agen en commanda une en laiton en 1613, Bourges en détenait cinq en cuivre et une en cuir bouilli en 1628, Castres en acquit huit en 1669, Sélestat en avait vingt-quatre en 1680…

1741
Pompe à bras accompagnée de son seau de remplissage en bois. La pompe est équipée d'une lance montée sur coude et orientable en tous sens mais cela nécessitait d'être très près du feu pour le combattre. Heureusement, quelques années plus tard, l'utilisation de tuyaux en cuir va se généraliser et le sapeur-pompier va y gagner en souplesse et en indépendance par rapport à la pompe. À l'arrière-plan à gauche, une paire de bottes-sabots peu répandues.

Le grand incendie de Rennes en 1720 ravagea la ville pendant plus de huit jours, causant la destruction de plus d'un millier d'habitations. Le palais du Parlement fut curieusement épargné.

Quand les moines faisaient fonction de pompiers, à l'incendie de Notre-Dame d'Alençon, le 1er août 1744. (Composition de F. Luzeau, École française du XIXe siècle.)

A l'incendie de Notre-Dame d'Alençon (1er août 1744).
(*Composition de F. Luzeau*).

Thomassin. sc.
Rennes, vue de la place du Palais.
le Comte de Toulouse, Pair et Amiral de France,
de Bretagne.
L'original de ce dessein Est chés son altesse Serenissime
paroissiale, une chapelle, le presidial, l'horloge
publique, et plus de 800. Maison.
Se vend a paris chés rue de et a
Rennes, chés Claude fortier, Md. miroitier rue S. Geor.
et au Palais.

1761
Pompe à bras, seau en osier et hache à pic.
Si les premiers tuyaux
ont enfin fait leur apparition,
la pompe a conservé son principe de base.
Les seaux en osier vont cependant peu à peu
remplacer les lourds seaux de bois
et les fragiles seaux de cuir.

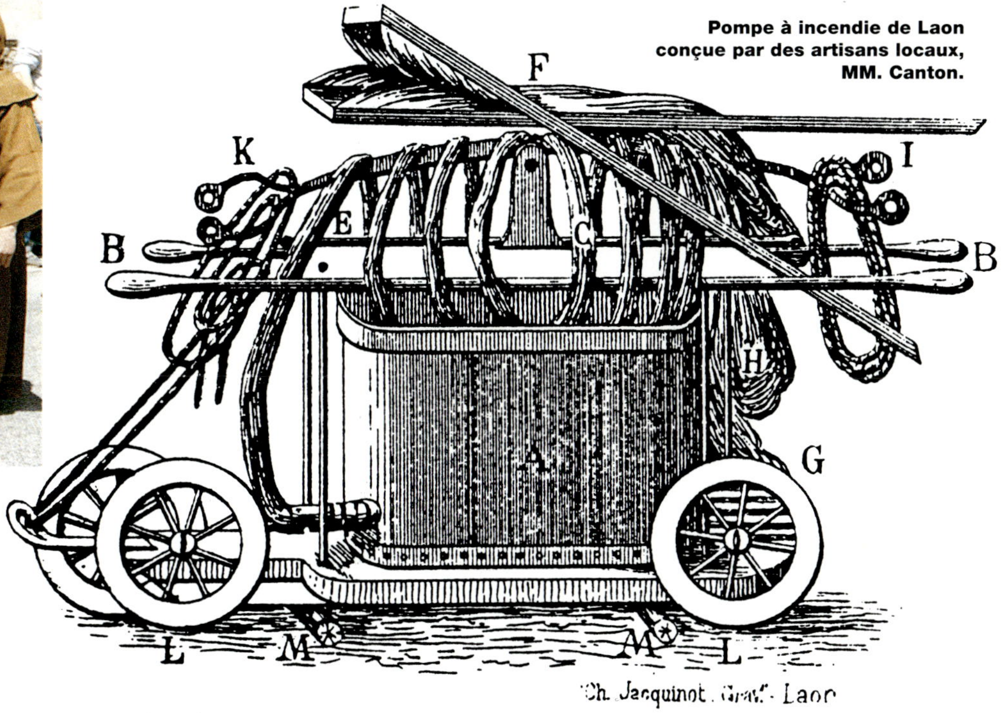

Pompe à incendie de Laon conçue par des artisans locaux, MM. Canton.

L'ALERTE

Si « les cris d'effroy » suffisaient à ameuter une petite cité, la portée du tocsin s'imposa dans les plus grandes. Il présentait l'avantage de « *jetter l'effroi*... » dans toute la population qui se rassemblait mais l'inconvénient de créer une situation d'insécurité, d'où de nombreuses mesures annexes : fermeture des portes, obligation faite aux gueux de disparaître, aux femmes de rester chez elles, à la milice de patrouiller pour prévenir le vol, à suspendre, la nuit, des lanternes allumées pour éclairer les rues... Bien que ce ne soit pas précisé, sans doute le premier venu pénétrait-il dans l'église toujours ouverte pour branler la cloche.
À la fin du Moyen Âge, le besoin de surveiller le mouvement des troupes et des bandes justifia la mise en place d'un guet aux points hauts (clochers, beffrois, fortifications...) qui servira bientôt à signaler toute fumée suspecte. Il se révéla surtout utile de nuit : un guetteur faisait des rondes, criant d'heure en heure pour rester éveillé, sonnant d'un cor (« corneur » d'Abbeville) ou le tocsin selon un code préétabli s'il découvrait un incendie (le terme de quartier viendrait du fait que les villes étaient « divisées » en quatre secteurs, correspondant aux points cardinaux, pour indiquer la direction aux secours, aucun nom n'étant attribué aux ruelles).
Dans certaines, on suspendait une lanterne ou on étendait un drap blanc (plus visible de nuit ?) du côté du feu.
Des ordonnances de police, dès 1350, prévoyaient déjà des peines à appliquer en cas de fausse alerte.
L'emploi du canon, comme à Montbéliard, resta exceptionnel.

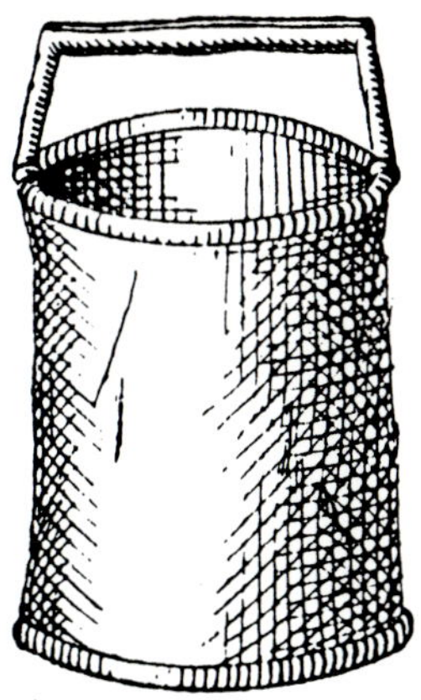

« Les ancêtres ». À l'origine, le casque protecteur était une simple cervelière de métal recouverte de toile épaisse et décorée d'un frontal en cuivre. Puis vinrent les modèles plus élaborés avec visière et camail de toile protégeant le cou et la tête.

PROJET
D'ÉTABLISSEMENT
D'UN CORPS
DE
POMPIERS ET D'OUVRIERS,
POUR PORTER SECOURS
DANS LES INCENDIES
De la Ville de Chaalons-sur-Marne.

La plus grande partie des Maisons de la Ville de Chaalons, étant mal bâties & construites en bois ; cette mauvaise construction les rend plus sujetes aux accidens du Feu, & oblige les Citoyens à veiller sans cesse à la conservation de leurs Maisons, de leurs Biens & même à celle de leurs Jours ;

13

AU TEMPS DE LA POMPE À BRAS

LA POMPE À BRAS

L'emploi de pompes par les occupants romains reste nullement prouvé en France et il fallut attendre la fin du XVIIe siècle pour voir la mise en service de cet engin qui restera le seul moyen jusqu'en 1865-1870, servant encore après la Seconde Guerre mondiale puisque le colonel Collinet, alors président de la Fédération nationale des sapeurs-pompiers, leur « déclare la guerre… » dans un article en janvier 1949.

Un Français, mathématicien et ingénieur du roi François II, Jacques Besson, né à Grenoble vers 1540, imagina le premier, et avant 1576, une sorte d'engin monté sur roues, muni d'une espèce de seringue conique emplie par un entonnoir et dont on refoulait l'eau sous pression à l'aide d'une manivelle agissant sur un piston : imagina car, s'il nous en a laissé un dessin, ce ne fut sans doute jamais que cela.

Une gravure du *Livre des machines* de Heinrich Zeising (1612) représente une pompe à incendie (voir page 14).

Salomon de Caus — ou de Caux (1615) — qui dessina à son tour une pompe monocylindrique, montée sur patins de bois, avec un balancier actionné par quatre hommes et une lance fixe et orientable prétendait que plusieurs villes allemandes employaient de tels engins.

La pompe à bras à incendie semble avoir été vraiment mise au point en Allemagne, par Hans Hautsch, habitant Nuremberg (1655). Pompe à bras à incendie, précisons-nous, car il convient de se souvenir que l'exploitation minière était très en avance dans ce pays et que le pompage des eaux d'exaure avait probablement dû inciter les ingénieurs à fabriquer des pompes aspirantes.

Il s'agissait d'une pompe uniquement refoulante, d'où nécessité d'une chaîne pour vider l'eau dans sa bâche. Montée sur des patins de bois, tirée à bras ou par des chevaux, sa lance pivotante, fixe, obligeait à la placer au plus près du foyer d'incendie pour que son jet, discontinu faute de réservoir d'air, soit efficace.

Il n'existait pas encore de porte-lance, mais un « dirigeur », terme qui perdurera plus ou moins selon les régions. Des perfectionnements s'enregistraient assez rapidement : pompe transportée à l'aide de brancards ou sur un chariot à roues, donc plus mobile ; apparition de la pompe aspirante-refoulante ; montage d'un réservoir d'air compensateur, en 1719, par l'Allemand Jacob Leupold, suite à une communication du Français Perrault en 1684, donnant enfin un jet continu. Il faudra attendre 1844 pour voir fonctionner la première pompe rotative.

1777
Modèle porté par les gardes-pompes de la ville de Sainte-Foy (Rhône).

Vuë de l'Incendie du Couvent des S
Joseph de Chaalons sur Marne.

10

EXPLICATION
DU FRONTISPICE.

Le Frontiſpice repréſente le Feu du Couvent de ſaint Joſeph de Chaalons-ſur-Marne, la nuit du 25 au 26 Septembre 1769.

On voit ſur le devant un Groupe de monde, dans lequel on diſtingue M. Rouillé d'Orfeuil, Intendant de la Province, accompagné des principaux Officiers de Ville, donnant des ordres au Commandant du Corps des Pompiers & Ouvriers pour l'adminiſtration des ſecours.

On voit enſuite des Pompiers & des Ouvriers arrivant avec des Pompes, des Échelles, des Seaux, &c.

Un … Gens, de tous États, qui alimente une Pompe mue par l… …mpiers en uniforme ; le Pompier tenant l'ajutage adapté … de conduite eſt monté ſur un mur de clôture, & … …uſement du côté de l'Égliſe.

… …t des Ouvriers occupés à donner du ſecours, … …battre le Corps de bâtiment enflammé, & … …pece de Rempart au tour du Feu, pour … …e communiquer aux bâtimens voiſins.

… …s d'effroi, ſortant du Couvent, pour chercher … …s Parens ou dans d'autres Monaſtères.

… …nœuvre générale, on diſtingue les Cavaliers de … Archers-de-Ville qui mettent le bon ordre ; ces … …eaux pour éclairer la manœuvre des Pompes … des ſecours.

… veillent à la ſûreté des Effets que l'on cherche

11

1780
Rare modèle de casque de feu avec camail en toile et frontal en laiton. Ce casque fut porté par les sapeurs-pompiers de Mulhouse jusqu'en 1830.

1790 - L'incendie est éteint.
Le pompier d'Alsace a posé son casque à camail et son seau en cuir sur la pompe à bras.
Celle-ci, de type refoulante et joliment décorée à l'effigie de sainte Rosalie, la patronne de Rombach-le-Franc — tout un symbole — a été fabriquée par Charles Christian Kress, fondeur à Ribeauvillé.

L'invention du tuyau (on disait alors boyau, ou boyiau) en cuir, rivé, puis cousu, muni de raccords dissymétriques à vis par des constructeurs de pompes hollandais, les frères Nicolas et Johan Van der Heide (1672), marqua un progrès décisif car, placé entre la pompe et la lance, il rendait celle-ci mobile ; en 1698, ils inventeront l'aspiral.
En l'état des connaissances actuelles, en France, les premières pompes furent mises en service à Strasbourg (1635), Douai (1682), Lille (avant 1690), Saverne (1694), Sélestat (avant 1699), Nancy (avant 1701)...
En 1699, un agent d'affaires originaire d'Aix-en-Provence, très intrigant, membre de la Comédie-Française, Dupérier, qui se fera appeler, après 1708, pour des raisons encore discutables, Du Mourier Du Périer, ou du Périer Dumouriez, présenta un modèle de pompe à Louis XIV alors au château de Meudon et obtint un privilège de trente ans pour sa fabrication et sa vente dans le royaume. Il dota Paris de pompes, mais il faut attendre le 26 mars 1704 pour détenir la preuve historique de leur mise en service. On possède de rares documents d'époque sur lesquels elles sont figurées portées par deux hommes à l'aide de brancards amovibles (voir page 12). Son privilège ne dut pas être bien défendu (si l'on sait qu'il fut reconduit au bénéfice de l'un de ses fils) car on relève que d'autres villes achetèrent ou firent construire des pompes avant 1729 : Metz en avait plusieurs avant 1706, Dijon une avant 1706, Barr et Châlons une en 1706, Vitry-le-François une avant 1709, Cambrai une avant 1711, Besançon une en 1713, Béthune une en 1715, Ruffach une en 1716, Rouen une première en 1719, une deuxième le 8 juin 1721, une troisième le 18 décembre 1721, une quatrième en 1724 (?), Troyes trois en 1721...
Dès que le privilège s'éteignit, de multiples constructeurs locaux, des « pompiers », figurant dans les archives comme des forgerons, des plombiers, des serruriers, des chaudronniers, des mécaniciens, fabriquèrent une ou deux pompes sur commande, en général de leur municipalité, acceptant de l'entretenir moyennant une rémunération forfaitaire annuelle.
Avec l'augmentation de la demande, des constructeurs spécialisés dominèrent bientôt le marché, tels Thillaye (qui livra des pompes à Soissons, à Lyon, à Auxerre), Hoden, Le Rat...
La concurrence était déjà vive, et la publicité existait, des prospectus imprimés et illustrés étant envoyés aux magistrats municipaux, des annonces insérées dans *Le Mercure de France*.
Mais des villes préféraient importer, comme Bayonne qui acheta

À Lyon, en 1808, le sieur Rossignol, tourneur-mécanicien de son état, propose ce modèle de pompe à incendie muni d'un nouveau type de balancier à double effet.

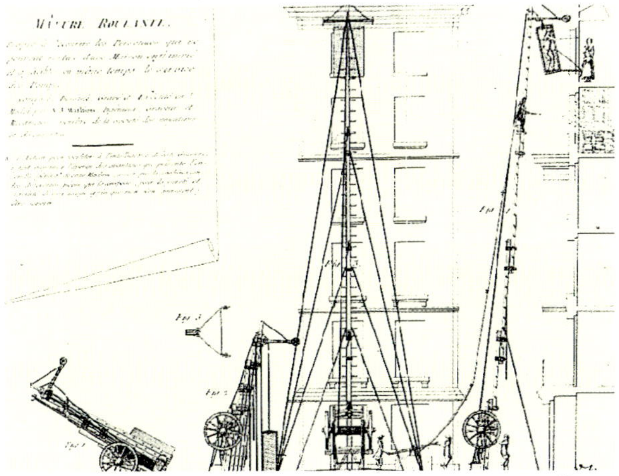

1797
« La mâture roulante ». Une invention fort remarquée du sieur Mathieu. Une fois déployée, la mâture roulante permettait non seulement l'utilisation de lances mais aussi le sauvetage des personnes à l'aide d'une nacelle en osier.

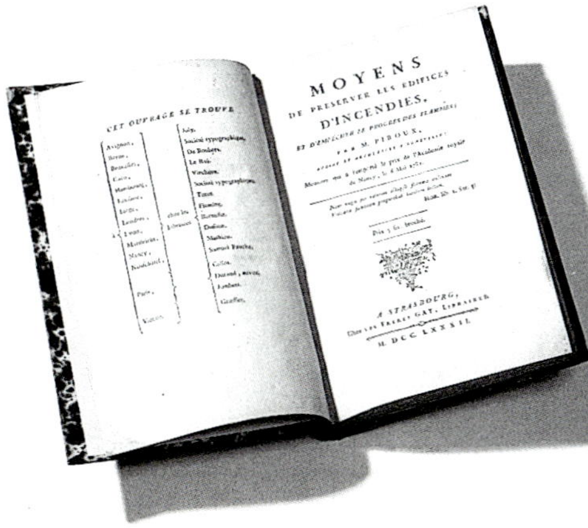

1800
Baquet-pompe en cuivre rouge martelé et riveté. Au premier plan, entre le tuyau en cuir muni de sa lance et la hache à pic, se trouvent les « genouillères », bandes de cuir fort garnies de crochets métalliques qui lacées fortement autour du tuyau servaient à contenir les fuites éventuelles.

1815
Sur ce casque modèle 1815, les trois fleurs de lys qui ornaient sa plaque ont été martelées, symbole des régimes politiques qui se sont succédé avec frénésie à cette époque. (On a connu des corps changeant d'emblèmes huit fois en trente ans !) La bombe et la visière sont en cuir, le cimier en laiton et les jugulaires estampées. La visière frontale a été supprimée. Ce casque appartenait aux sapeurs-pompiers de la garde nationale de Vannes (Morbihan).

une pompe en Hollande en 1735 ou Chaumont qui fit venir son premier engin de Suisse.
Des améliorations constantes augmentèrent rapidement les performances : pompe montée sur un chariot à deux essieux, tiré à bras ou par des chevaux, pompe amovible retenue sur un chariot à deux roues tiré à bras, puis attelé à un avant-train à traction chevaline (l'avant-train transportait huit hommes et le matériel), à une prolonge d'artillerie fournie par l'Armée, à une automobile entre les deux guerres ; parfois, on se contentait de hisser la pompe sur un chariot militaire.
Devenue aspirante-refoulante, à deux cylindres chemisés et alésés, avec des systèmes de soupapes élaborés, la pompe à bras tendait vers un engin difficilement perfectible et, de fait, elle n'évoluera guère jusqu'à sa disparition.
Après les artisans ou les fabricants locaux n'ayant jamais livré que quelques exemplaires, des firmes se créèrent pour satisfaire aux demandes, ajoutant le petit matériel, les casques, puis l'uniforme et ses accessoires sur leurs catalogues ; des noms tels que Thirion (fondée en 1815), Durey-Sohy et Cie (fondée en 1815), Letestu, E. Henry et Cie… évoquent toute une époque.

LES PREMIERS POMPIERS

La mise en service progressive de pompes à bras imposa la création de pompiers, terme réservé à l'origine à ceux qui étaient chargés de l'entretien de ce matériel fragile avec ses pistons chemisés de cuir à conserver humides, ses « boyaux » de cuir à graisser régulièrement, de sa manœuvre périodique tant pour l'essayer que pour s'entraîner, de sa mise en œuvre en cas de feu. Il peut s'agir d'un seul individu (le constructeur) ou d'un ou deux artisans spécialisés, toujours rétribués pour leur temps passé, et qui sont même parfois envoyés en stage chez le constructeur pour s'initier puis former des « travailleurs » à leur retour.
On assista à la constitution de corps et à une multiplication de règlements, à cette époque à caractère essentiellement local mais généralement très détaillés, traitant de l'alerte, du départ, de l'appel au feu pour rétribution ou amende en cas d'absence, de la récupération et de la remise en état du matériel souvent détérioré (seaux percés, perdus, voire volés), de la surveillance du « sauvetage ».
La nécessité de reconnaître les pompiers pour leur permettre de franchir les barrages et de pénétrer dans les maisons entraîna l'adoption de marques distinctives variées (médaille de métal gravée d'un numéro, d'un nom, d'armoiries, suspendue en sautoir, brassard, bonnet…) qui précèdent la tenue de feu, réduite tout d'abord à un simple bonnet renforcé d'une calotte de métal, avec ou sans visière, pour protéger la tête, préfigurant le casque et précédant l'uniforme ne servant alors qu'à la parade et réservé au commandant appelé, selon les régions, commissaire aux pompes, directeur des pompes, garde des pompes, premier pompier…
À Paris, qui n'était pas la capitale, ne l'oublions pas, un service de lutte contre le feu original fut mis en place par Dupérier qui commandait des gardes-pompes revêtus d'un uniforme, soldés par le gouvernement, dont les interventions après 1716 se firent aux frais des sinistrés, méthode aberrante car on ne les appelait qu'au dernier moment, quand l'incendie était devenu incontrôlable. Aussi, le 17 avril 1722, des lettres patentes rendirent les secours gratuits à Paris, une ordonnance du 11 mars 1743 étendant ces dispositions à tout le royaume.
Les pompes, parfois acquises grâce au profit d'une loterie, étaient déposées en des lieux déterminés et il existait un hôtel des pompes, résidence du chef de service.

1821
À gauche
Casque des sapeurs-pompiers de la ville de Chazeuil portant une plaque de l'époque « Louis-Philippe ».

1825
À droite
Casque d'officier avec chenille.

1810
Une superbe fabrication artisanale de Savoie.
À droite, l'un des deux leviers a été posé prêt à être glissé dans les yeux du balancier.

LA PÉRIODE RÉVOLUTIONNAIRE

1830. Casque de la commune de Genlis (Côte-d'Or).

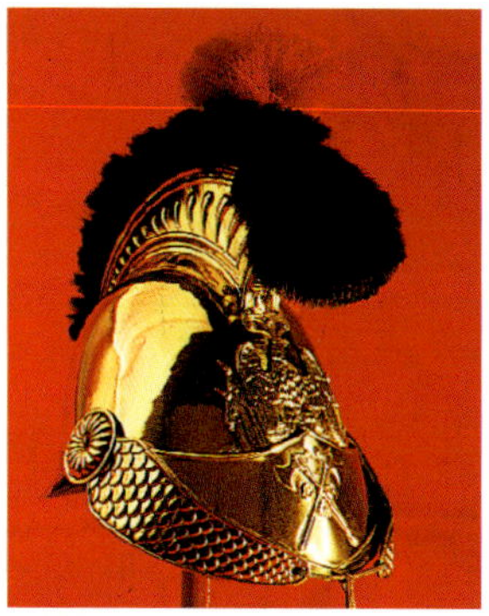

1830. « Louis-Philippe », casque jugulaires laiton, chenille noire et plumet rouge.

1833. Modèle en cuir bouilli noir, dont le sommet est surmonté d'un marmouset. Prototype non retenu par l'Administration, il a cependant été adopté par certains corps de sapeurs-pompiers.

1836. Ce modèle en cuir bouilli noir est issu du casque d'essai de 1836. Utilisé par certaines unités pendant le second Empire.

Elle changea des hommes, pour des questions politiques, modifia le recrutement et la nomination des chefs, remplaça les fleurs de lys des tenues par les attributs de la République, parfois laissa se désorganiser complètement les corps intégrés *de facto* dans la garde nationale ou, au contraire, en renforça l'efficacité.

Mais c'est surtout sur le plan législatif que cette période marqua l'histoire de la lutte contre le feu : la loi du 24 août 1790 obligea les municipalités à prendre toutes les précautions convenables pour prévenir et faire cesser sur leur territoire les calamités, dont l'incendie ; une loi du 6 octobre 1791 mit les communes dans l'obligation de disposer, dans toute la mesure du possible, de pompes et de seaux à incendie ; la Convention décréta le 5 novembre 1792 que le service des pompes était un objet de dépense locale.

Un arrêté du Directoire (13 brumaire an V) enjoignant au ministre de la Police d'étudier la réorganisation des sapeurs-pompiers de toutes les grandes villes resta sans suite Des circulaires (18 décembre 1804, 1er mars 1810) avaient préconisé la mise en place de sapeurs-pompiers dans les villes, régis par un règlement uniforme après une enquête menée sur les corps existants quant à leur composition, leur équipement, leur coût : beaucoup de cités tirent fierté aujourd'hui d'un décret de l'Empereur créant leurs pompiers : Lille, Bordeaux, Melun, Le Puy-en-Velay...

En bois, en métal brut, en étain, de petite taille pouvant être maniée à plusieurs, la seringue sera un moyen éphémère de lutte contre l'incendie. Au premier plan, une corne d'alerte directement dérivée de la traditionnelle corne de chasse. À droite, le lourd seau d'osier enduit de poix.

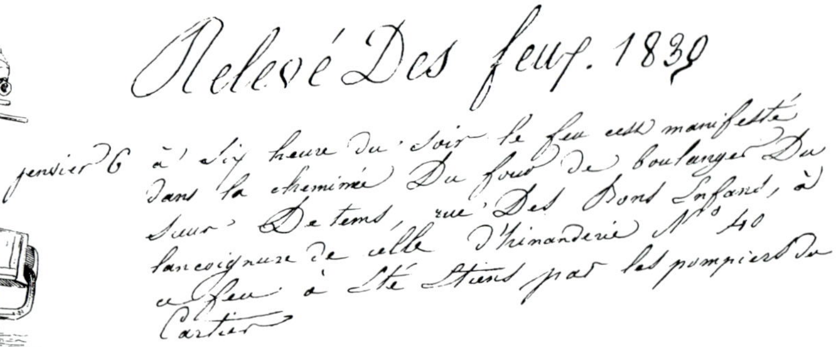

Relevé Des feux. 1839

janvier 6 à Six heure du soir le feu cest manifesté dans la cheminée Du four de boulanger Du Sieur Detems, rue Des Bons Enfans, à lancoignure de celle d'hinanderie N° 40 ce feu à été éteint par les pompiers du Cartier

De gauche à droite, capitaine en grande tenue d'été, sous-lieutenant en tenue d'incendie, sapeur-pompier en grande tenue d'hiver, sergent-fourrier en tenue de ville, tambour en grande tenue d'hiver et sapeur-pompier en tenue d'incendie.

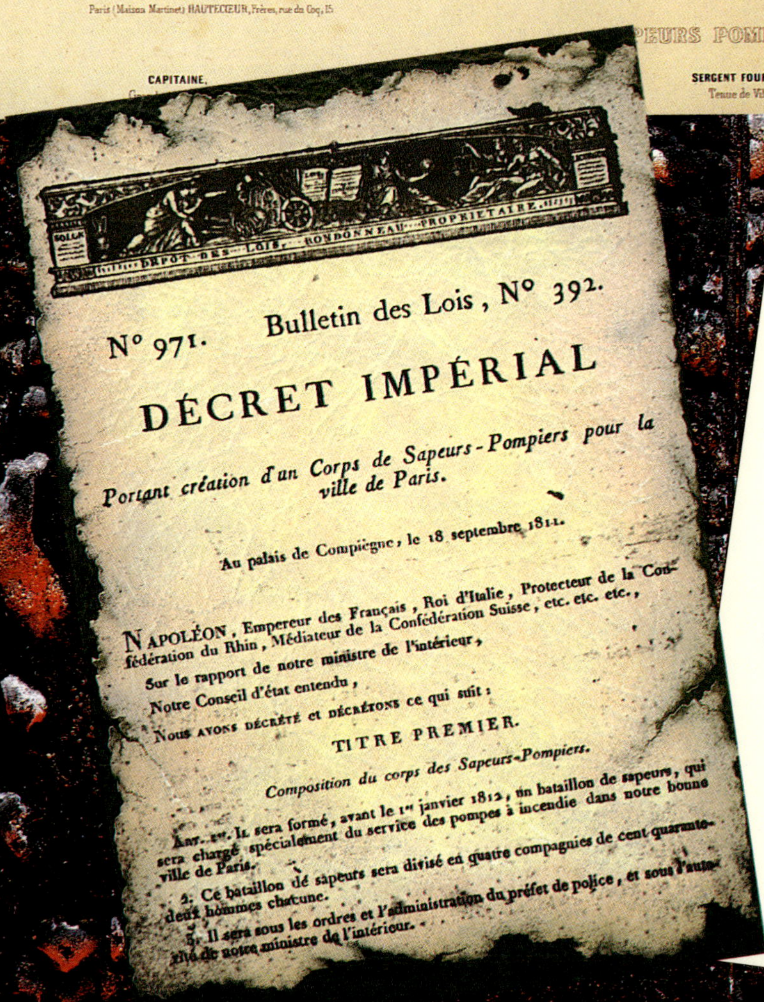

DÉPÔT DES LOIS, RONDONNEAU PROPRIÉTAIRE

N° 971. Bulletin des Lois, N° 392.

DÉCRET IMPÉRIAL

Portant création d'un Corps de Sapeurs-Pompiers pour la ville de Paris.

Au palais de Compiègne, le 18 septembre 1811.

NAPOLÉON, Empereur des Français, Roi d'Italie, Protecteur de la Confédération du Rhin, Médiateur de la Confédération Suisse, etc. etc. etc.,

Sur le rapport de notre ministre de l'intérieur,

Notre Conseil d'état entendu,

Nous avons décrété et décrétons ce qui suit :

TITRE PREMIER.

Composition du corps des Sapeurs-Pompiers.

Art. 1er. Il sera formé, avant le 1er janvier 1812, un bataillon de sapeurs, qui sera chargé spécialement du service des pompes à incendie dans notre bonne ville de Paris.

2. Ce bataillon de sapeurs sera divisé en quatre compagnies de cent quarante-deux hommes chacune.

3. Il sera sous les ordres et l'administration du préfet de police, et sous l'autorité de notre ministre de l'intérieur.

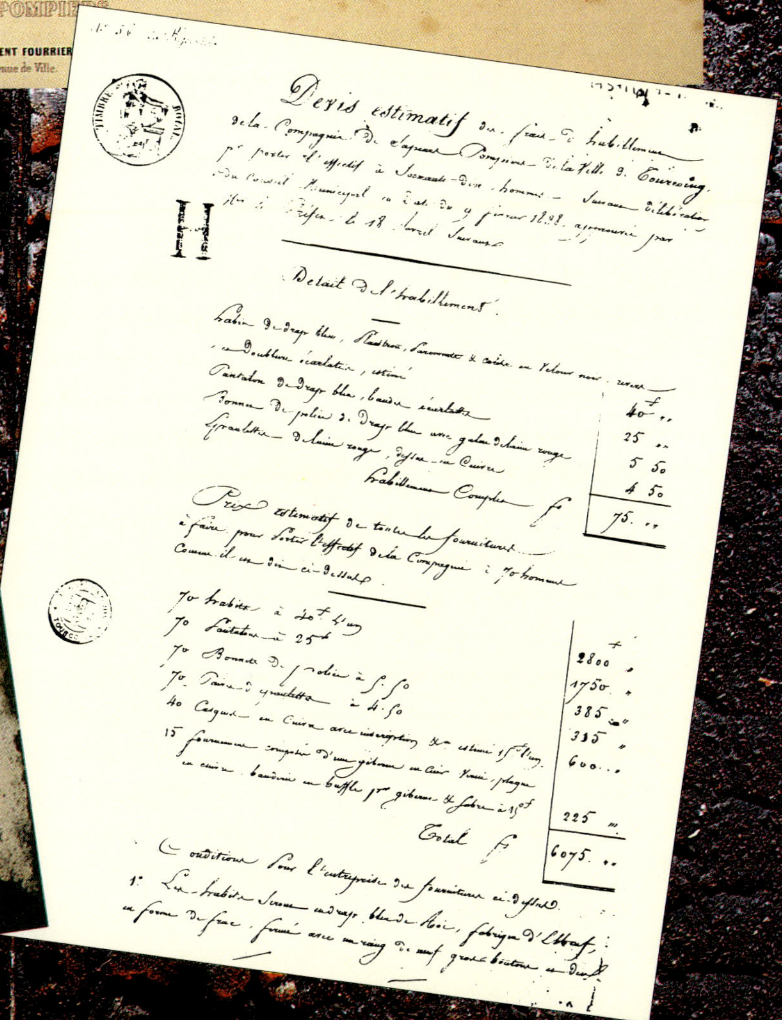

Devis estimatif des frais d'habillement de la Compagnie de Sapeurs-Pompiers de la Ville de Tourcoing […]

Détail de l'habillement

[…]	40 f
[…]	25
[…]	5 50
[…]	4 50
[…]	75

[…]	2800 f
[…]	1750
[…]	385
[…]	335
[…]	600
[…]	225
Total f	6075

Pompe à bras à deux pistons montée sur brouette.
Le lourd baquet en cuivre rouge riveté est tout simplement porté sur une banale brouette.
Appuyé contre la pompe, un flambeau au pétrole qui servait à éclairer les interventions de nuit. Au premier plan devant la lance, la tricoise, clé indispensable au serrage des raccords des tuyaux.

LES GARDES-POMPES PARISIENS MILITARISÉS

Sous le premier Empire, lors d'un incendie meurtrier à l'ambassade d'Autriche (1er juillet 1810), l'action des gardes-pompes, dont l'administration avait été profondément transformée par la Révolution, déplut à Napoléon. Ses palais impériaux et ses bivouacs, jusqu'alors protégés par ces gardes-pompes parisiens le furent désormais, sur décision du ministre de la Guerre, par des sapeurs de la garde impériale (10 juillet 1810). Nul doute qu'il faut voir là l'origine du terme « sapeur-pompier » qui s'imposera et auquel tiennent encore beaucoup les sapeurs-pompiers civils.
À Compiègne, le 18 septembre 1811, l'Empereur créera un bataillon de sapeurs spécialement chargé du service des incendies à Paris, à mettre en place au plus tard le 1er janvier 1812, formé de quatre compagnies de cent quarante-deux militaires prélevés sur l'infanterie. Mais ces hommes devront aussi assurer un service de sûreté et de police, ce qui déclenchera des querelles d'autorité. (Il est intéressant de noter que lors de l'incendie du bazar de la Charité — 4 mai 1897 — ou de théâtres parisiens, il y aura des morts aussi illustres et bien plus nombreux qu'à l'ambassade d'Autriche, les sapeurs-pompiers, alors militaires, n'ayant pas été remplacés par des pompiers civils.)

1848
Casque, giberne et sabre-briquet de sapeur-pompier de la garde nationale.

1840
Casque à bombe haute en acier peint en noir. Les jugulaires et les rosaces sont en laiton estampé.

1846
Les sapeurs-pompiers de Mulhouse. Lithographie à découper de G. Eckardt.

1848
Pompe à bras. À remarquer la lance fixe et orientable directement montée sur le canal de refoulement de la pompe (maquette).

Diplôme d'honneur du sergent Junghaen. Sous l'illustration représentant une « garden-party » très chic sous les ombrages, les deux vignettes évoquent deux autres moments forts de la vie du sapeur-pompier, quand il quitte famille et travail à l'appel de la cloche et son arrivée sur les lieux du sinistre.

De la hotte au seau en toile. Au premier plan, à gauche, trois seaux en toile enduite, un seau de cuir cousu daté de 1834 et un seau en toile breveté en 1841. En sept ans, on est passé du simple artisanat à une véritable production industrielle. Au fond, utile pour transporter de grandes quantités d'eau, une hotte de vendangeurs qui retrouve auprès des services d'incendie une seconde jeunesse.

1856
Quand le courage est à l'honneur… Sabre-briquet de tenue de soirée, sabre de service et casque modèle 1855 entourent le brevet de la Légion d'honneur, décerné ici pour « belles actions ».

Les régimes passent… les sapeurs-pompiers restent… et n'apprécient guère ces changements répétés d'emblèmes et de symboles des différents gouvernants qui vont se succéder. Certains sapeurs-pompiers ont trouvé la solution en découpant carrément la plaque portant ces fameux emblèmes et ne laissant plus que l'inscription « sapeurs-pompiers ».

1856
Modèle 1856 avec plaque d'époque et plumet tricolore. Les jugulaires sont à écailles.

Sapeur-pompier et garde national de Rouen.

LA CIRCULAIRE DE MONTESQUIOU

Le comte Dessolles tenta de mettre en place une nouvelle organisation durant la première Restauration mais c'est en fait de Montesquiou, ministre de l'Intérieur qui, par une circulaire du 6 février 1815, définissait un cadre d'organisation générale, demandant aux préfets de constituer dans chaque commune un service civil de lutte contre le feu, plaçant les sapeurs-pompiers sous l'autorité des maires qui rédigeraient un règlement à faire approuver, assureraient l'entretien du matériel et sa manœuvre, désigneraient les hommes non soldés mais dispensés du service de la garde nationale et devant appartenir à un métier du bâtiment, du bois, du cuir, du métal, proposeraient les sous-officiers, les officiers étant nommés par le préfet.
Les sapeurs-pompiers n'étaient pas obligatoirement armés mais certains corps obtinrent des fusils, contre l'avis des autorités.
En somme, la commune libre de se doter de sapeurs-pompiers n'était déjà plus tout à fait libre de leurs structures.

La cantinière.
Elle incarne avec le sapeur porte-hache (page ci-contre) tout le folklore qui accompagne l'histoire des sapeurs-pompiers. Apparue dans quelques corps dans les années 1830, elle y promènera sa silhouette élégante et souriante jusqu'après la Première Guerre mondiale.
La cantinière de sapeurs-pompiers, tout comme son homologue des armées, s'emploie à soigner et à réconforter les hommes et a surtout un rôle attractif.
L'uniforme restera immuable durant son d'existence.
Veste bleue à boutons d'argent, jupe et pantalon bleus à galons rouges et petit tablier blanc accompagnaient le traditionnel petit tonnelet tricolore.

L'ILLUSTRATION

SAMEDI 14 OCTOBRE 1911

L'INAUGURATION D'UNE STATUE DE Mme DE SÉVIGNÉ

M. Paul Deschanel prononce son discours ; devant la tribune de l'orateur sont alignés les sapeurs-pompiers de Vitré.

Le sapeur porte-hache.
Dans l'arme du Génie, il est appelé sapeur et son origine militaire remonterait un peu avant le premier Empire. Sa fonction essentielle étant de faire la part du feu, le sapeur porte-hache était souvent un sapeur-pompier de forte constitution dont l'aspect physique impressionnait. Il disparaîtra en 1900 ; seule la Légion étrangère perpétue aujourd'hui encore la tradition en faisant défiler ses sapeurs en tablier de cuir et hache sur l'épaule.
À remarquer, l'ouverture pratiquée dans le haut du havresac et destinée à laisser passer le manche de la lourde hache, celle-ci étant réglementairement portée le fer en bas.

LA GARDE NATIONALE

Après la révolution de 1830 et le prestige revigoré de la garde nationale, de nombreux sapeurs-pompiers souhaitèrent en faire partie. La loi du 22 mars 1831 préconisa de former des compagnies ou des subdivisions de sapeurs-pompiers chargées à la fois du service d'ordre, d'honneur, d'escorte et d'incendie. Il y eut donc désormais, et jusqu'en 1871, deux sortes de corps, les corps soldés relevant de la circulaire de 1815, indépendants de toute organisation militaire, et les corps non soldés inclus dans la garde nationale, armés, élisant leurs chefs, achetant leur tenue, payant parfois un droit d'entrée assez élevé, les dépenses générales restant du domaine municipal.

Cette appartenance imposant le port et le maniement des armes explique en grande partie la survivance d'une hiérarchie et d'une discipline de type militaire encore vivaces aujourd'hui (insignes et noms des grades, uniforme, rassemblement, appel…). D'ailleurs, n'entend-on pas parfois des sapeurs-pompiers municipaux parler des « civils » ?

Cette intégration n'alla pas sans poser des problèmes de préséance provoquant souvent la démission massive d'une compagnie (la section des pompiers défilait-elle en premier, se rangeait-elle à droite ou à gauche des rangs…), de discipline (le commandant en chef de la garde nationale donnait-il des ordres au chef des pompiers au feu). Faute de pouvoir détailler ces tensions, le lecteur retiendra qu'en outre le rang social, les idées politiques, les motivations suscitant les engagements des « gardes » étaient très différents, sinon opposés à ceux des« pompiers ».

Signalons ici que le 17 mars 1838 un texte réglementant les cinq compagnies d'ouvriers-pompiers des arsenaux de la marine créa les premiers pompiers au service exclusif de l'Armée, si bien encadrés et si bien équipés que des villes englobant un arsenal (Cherbourg, Brest, Rochefort…) se retranchèrent derrière les moyens de ce dernier pour ne pas équiper convenablement leur compagnie.

En 1845, une tentative de militarisation des corps des grandes villes, à l'instigation du lieutenant-colonel Paulin des sapeurs-pompiers de Paris, qui prévoyait de remplacer les militaires par des volontaires en cas de guerre, fit long feu.

Quand Napoléon III dissout la garde nationale (11 janvier 1852), il laissa en place les compagnies de sapeurs-pompiers, se réservant le droit de nommer les officiers et instituant un conseil de recensement composé du chef de corps (un homme à lui) et de deux délégués du préfet. Le contrôle des sapeurs-pompiers par le gouvernement était donc renforcé. Le 14 juin 1852, le ministre de l'Intérieur réglementa le premier uniforme pour l'ensemble de la France : tenue de parade et tenue de travail et de manœuvre, cette dernière composée d'une veste bleue à boutons d'uniforme, du ceinturon de manœuvre, d'un pantalon de treillis, du casque en cuivre jaune.

Le recrutement des volontaires devint difficile pour plusieurs raisons : la dispense du service de la garde nationale en compensation des risques courus ne servait plus de motif ; la bourgeoisie villageoise boudait ces fonctions moins valorisantes que celles de la garde nationale, et rares seront

Équipés de leurs modestes seringues, les pompiers de 1867 marchent au feu. Caricature de Lavrate.

Sapeur-pompier de la ville de Paris en grande tenue.

les représentants des professions libérales, les rentiers, les employés aux écritures ; l'obligation d'assurer des escortes ou d'assister à la messe rebutait beaucoup de petits artisans du bâtiment de tendance républicaine. Même s'il fallut parfois exercer des pressions pour obtenir des enrôlements, on comptait 280 000 sapeurs-pompiers en 1867, répartis dans 8 700 communes. Une étude plus approfondie montrerait le rôle de pionniers joué par les sapeurs-pompiers dans une France encore rurale : ils représentaient un corps constitué exemplaire, même si l'esprit cocardier n'était pas absent, arborant un uniforme attrayant avec le casque à haut cimier surmonté de la chenille de crin noir, la tunique bleu foncé, les buffleteries blanches surpiquées... Ils utilisaient un appareil mécanique compliqué (la pompe), participaient aux premiers concours de manœuvres, donc voyageaient, se frottaient et se confrontaient à d'autres compagnies, créant des liens d'amitié. Ils adhéraient aux premières sociétés de secours mutuels qui garantissaient contre les accidents et versaient une pension de retraite. Leur clique engendra souvent l'orphéon municipal. Ils recevaient une presse professionnelle (le *Journal des Officiers des Gardes Nationales et des Sapeurs-Pompiers* fut fondé en 1848, le *Journal des Sapeurs-Pompiers* en 1855). Une autre étude, tout aussi sérieuse, rendrait compte de disparités entre les régions en général, entre les régions bien pourvues en compagnies, car enregistrant le plus grand nombre de feux, et les régions mal pourvues en sapeurs-pompiers malgré leurs nombreux incendies, tenterait d'expliquer le nombre important de communes ayant une pompe et du matériel mais pas d'hommes pour les servir.

1866
Pompe à bras de la commune de Juliénas dans le Rhône.
Du type foulante à deux pistons, la pompe est montée sur un chariot à deux roues et flèche pour traction à bras. À remarquer, enchaîné sur l'arrière du chariot, le sac contenant les seaux de toile qui serviront à remplir la pompe au fur et à mesure de son action. En arrière du mécanisme, le flambeau à carbure a remplacé l'antique modèle à pétrole.

Tenue de capitaine second Empire.

Hall de départ de la caserne de Lyon.

PÉRIODE INTERMÉDIAIRE

Quand la garde nationale fut dissoute (25 août 1871) les compagnies de sapeurs-pompiers échappèrent à cette mesure en attendant un nouveau règlement d'administration publique qui sera discuté durant quatre ans.

1870
Directement inspiré des casques des pompiers allemands, ce modèle équipait les sapeurs-pompiers d'Alsace-Lorraine pendant l'occupation allemande jusqu'en 1918. Bombe avec cimier lisse décalé sur l'arrière, jugulaire en cuir. La plaque porte les armes de la Lorraine.

Drapeau-souvenir des sapeurs-pompiers de Nantes ayant participé à l'extinction des incendies de Paris durant les événements de la Commune en 1871.

1871
L'arrivée des sapeurs-pompiers communaux en armes, à Paris, en 1870, pour renforcer la défense de la capitale menacée par l'avance de l'ennemi. Gravure tirée du magazine *L'Illustration*.

Poste de guet du temple Saint-Étienne de Mulhouse. Du haut d'une des hautes tours dominant la ville, les sapeurs-pompiers avaient établi de1870 à 1910 un poste de guet. À l'étage supérieur, juste au-dessus d'un porte-voix et d'un fanal servant à indiquer la direction de l'incendie, la grosse cloche de 1836 sonnait l'alerte, mise en son par les maillets commandés de l'étage en dessous.

1884
Grenades extinctrices. Dans l'attente de l'arrivée des secours, le feu pouvait être retardé par l'emploi de ces grenades extinctrices en verre qui, en se brisant, laissaient échapper un composé chimique à base d'acide carbonique qui « étouffait » les flammes.

Shako
second Empire.

Rare canne
de tambour-major
dont le pommeau
porte l'emblème
des sapeurs-
pompiers.

La musique tient
une place importante
dans la vie des corps
de sapeurs-pompiers...

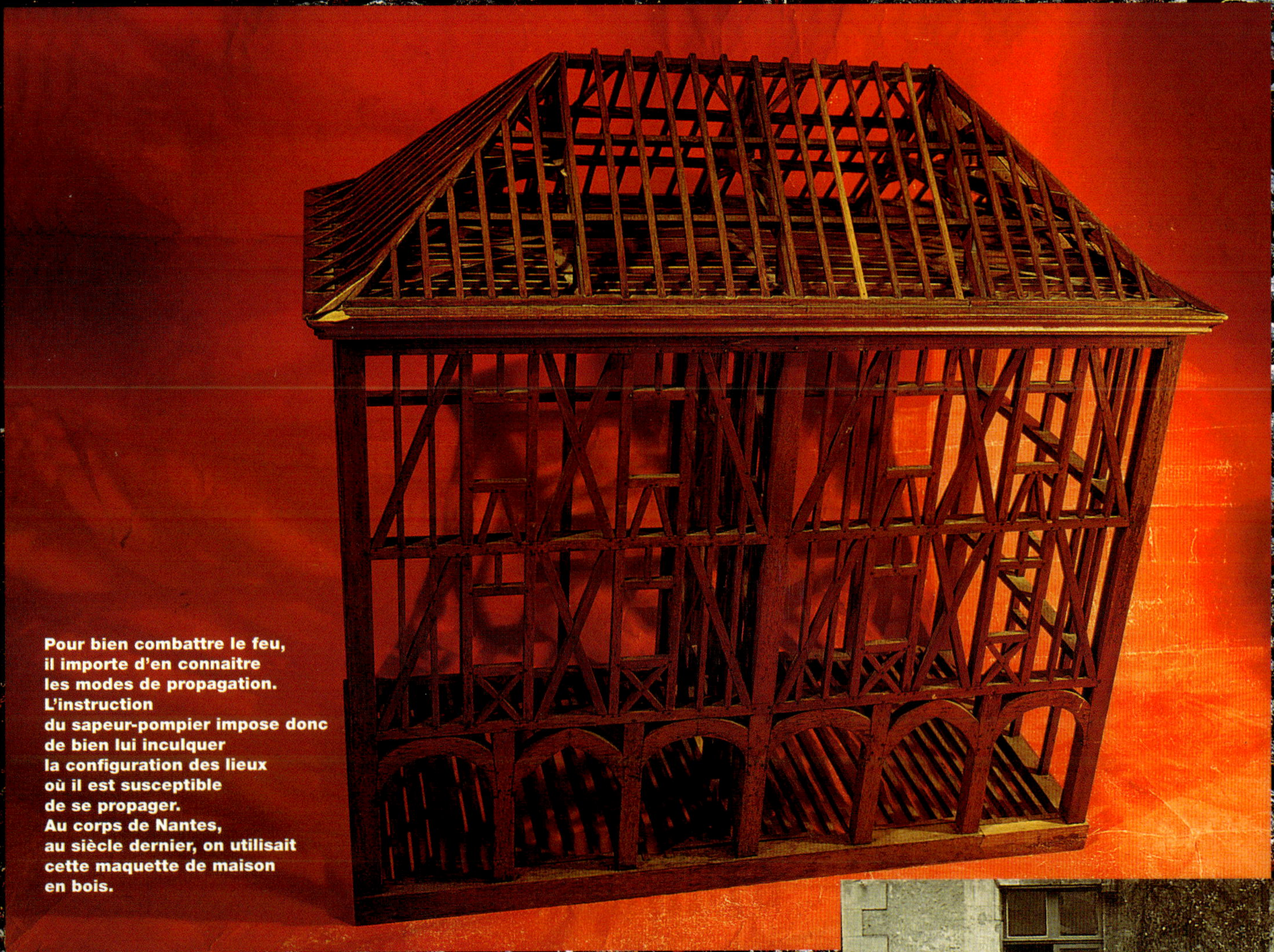

Pour bien combattre le feu, il importe d'en connaitre les modes de propagation. L'instruction du sapeur-pompier impose donc de bien lui inculquer la configuration des lieux où il est susceptible de se propager. Au corps de Nantes, au siècle dernier, on utilisait cette maquette de maison en bois.

Un sapeur-pompier efficace est un sapeur-pompier en bonne forme physique. Gymnastique et travail aux agrès font partie de la vie de tous les jours d'une caserne.

La grenade, l'emblème de tradition des sapeurs-pompiers, pouvait prendre les formes les plus diverses, comme celle-ci en bois sculpté et peint qui surmontait certaines tours de manœuvre à la fin du siècle dernier.

MOYENS D'ALERTE À CETTE ÉPOQUE

Le service du guet persistait, son préposé étant rétribué, ou mis à l'amende pour s'être endormi ou avoir déclenché par erreur une fausse alerte ; l'un d'eux mit le feu à sa paillasse et à son abri en renversant sa bougie.
Quand aucun service de guet n'existait, ou en plus de celui-ci, on employait le tambour qui battait la générale en suivant un itinéraire desservant le domicile des sapeurs-pompiers. Cet instrument portant mal pour transmettre les ordres au feu, on lui préféra le clairon, plus sonore, plus riche en notes, et les ordres, « ouvrez l'eau », « fermez l'eau », correspondaient à une sonnerie précise ; il y avait l'école des clairons dans la cour des casernes.
Ces deux systèmes présentaient des inconvénients assez similaires à ceux du tocsin.

Sapeurs-pompiers de Nantes en 1858.

1870-1875

Le gouvernement, inquiet de l'avance de l'ennemi, constitua des dépôts de vivres, de munitions, de matériel dans Paris ; pour les protéger, il fallut multiplier les postes de sapeurs-pompiers et le 15 août le ministre de l'Intérieur prescrivait de diriger les sapeurs-pompiers communaux âgés de moins de 40 ans sur la capitale. Arrivés dans les gares sous les vivats de la population, ils furent mêlés aux pompiers militaires, leur hébergement se faisant en divers points (collège Chaptal, La Tour-Maubourg...).
Selon *L'Illustration* du 27 août, qui exagère, « ... *ces 100 000 hommes... sont repartis*... ».
De son côté, la garde nationale forma des corps de pompiers auxiliaires stationnés à Belleville, Montrouge, La Villette, Bercy... Le 8 septembre 1870, 200 sapeurs-pompiers communaux sont mis à la disposition du régiment et, à partir du 14 septembre, 300 sont requis dans cinquante communes de banlieue — et même jusqu'à Anet en Eure-et-Loir — et logés dans les casernes.
En mai 1871, près de 6 000 sapeurs-pompiers reviendront à Paris, avec leur matériel, à l'appel du gouvernement, pour lutter contre les incendies durant la « Semaine sanglante » ; les pompiers de Paris étaient désorganisés et sans doute incapables de faire face aux nombreux incendies, mais la dramatisation orchestrée par le pouvoir pour choquer la province (un peu comme en mai 1968) est retenue par les historiens. On a vu arriver les compagnies d'Aurillac, du Havre, de Bordeaux, d'Anvers... On a remercié celles de Londres, de Suisse, prêtes à partir.
Les rassemblements dans les gares de départ se déroulaient parfois sous les huées d'une petite partie de la population ; il y eut des arrestations de manifestants.
Ceux qui venaient de l'Ouest débarquaient à Versailles et à pied, tirant pompes, dévidoirs, coffres sur une distance de quinze kilomètres, parfois de nuit, sans trouver à manger, arrivaient à Paris, beaucoup de détachements errant dans une ville qu'ils ne connaissaient pas, ayant beaucoup de mal à trouver leur point d'attaque ; certains, pris pour des pillards, furent arrêtés, emprisonnés à Versailles, relâchés après des négociations ardues.
De retour dans leurs cités, ces sapeurs-pompiers, qui avaient sacrifié une semaine de travail, attendirent la concrétisation des promesses gouvernementales, à savoir les indemnités promises. Rien ne venant, le gouvernement n'hésitant pas à proclamer alors qu'ils s'étaient déplacés par pur patriotisme, on vit naître des tensions, on assista à des démissions concertées, à des dissolutions de compagnies. Quelques villes parvinrent à rétablir la situation en distribuant des fanions, une ou deux médailles.

Protège-sabot en cuir. Destinés à protéger des braises les sabots des chevaux qui tiraient le matériel de lutte contre l'incendie, ils étaient en cuir fort monté sur un fer à cheval.

1889 Échelle type « Rosalie », restaurée et conservée par les sapeurs-pompiers de Tarbes.

1868
Mulhouse reçoit
sa première pompe à vapeur
de chez Merryweather
en Angleterre.
Celle-ci date de 1894.

Le Rhône.
Difficile de trouver plus bel exemple de la véritable révolution que va créer l'arrivée des premières pompes à vapeur dans les corps de sapeurs-pompiers. Elle a été fabriquée par l'entreprise Shand Mason et C° de Londres et mise en service à Lyon en 1893.

APRÈS LA POMPE À BRAS

La pompe à vapeur du constructeur Lee & Larned importée par la Chambre de commerce du Havre en septembre 1861.

LA POMPE À VAPEUR

« Combattre le feu par le feu » fut l'apanage de la pompe à vapeur mise au point aux États-Unis. La Chambre de commerce du Havre importa la première, le 14 septembre 1861, de chez Lee & Larned, à New York, pour défendre ses installations portuaires. La Chambre de commerce de Dunkerque suivit de peu. Le conseil municipal de Lyon ayant décidé le 28 juin 1867 d'acheter 100 000 francs une pompe anglaise de marque Merryweather, celle-ci fut mise en service le 10 septembre. Mulhouse acheta un modèle du même fabricant en 1868. Bordeaux poursuivait, depuis 1867, des essais satisfaisants avec une pompe de cette firme qui en exigea un prix jugé trop élevé et, en 1870, la municipalité passa commande de deux engins à un ingénieur parisien, Thirion. L'avance des Prussiens vers Paris incita le conseil municipal à voter un crédit pour acheter trois pompes à vapeur (1er septembre 1870). Thirion achevait sa première, destinée à Bordeaux, quand elle fut réquisitionnée (8 septembre ; payée 23 396 francs en octobre) et la ville acquit deux Merryweather anglaises qui entrèrent dans la capitale avant son investissement. On disposait en plus de deux modèles anglais appartenant au ministère des Travaux publics et ce sont ces pompes qui combattirent les incendies durant la « Semaine sanglante ».
Il s'agissait d'engins onéreux, uniquement justifiés dans les grandes villes, souvent trop puissants pour être alimentés par des canalisations d'eau étriquées, exigeant un mécanicien qualifié et surtout un ou deux chevaux pour être tractés, supposant des contrats dispendieux avec la compagnie locale des omnibus ou un transporteur privé ; le départ, de nuit, pouvait demander plus d'une heure (le temps d'alerter le mécanicien, d'aller chercher les chevaux...), mais trop rapide, il ne donnait pas le temps d'obtenir la pression de vapeur requise pour animer la pompe (par la suite, on utilisa des réchauffeurs qui emplissaient les tubulures d'eau déjà très chaude).
En plus de quelques cités (Rouen, Saint-Étienne, Troyes, Épinal, Pantin, Saint-Ouen, Saint-Denis, Levallois-Perret, Paris, Strasbourg, Beauvais, Biarritz, Nantes, Amiens, Tourcoing, Toulouse, Rennes, Nice, Douai, Reims... qui en eurent parfois plusieurs en service), de grandes sociétés en achetèrent :

1894
L'arrivée du fourgon et de la pompe à vapeur...

1890
Une « remise »
des sapeurs-pompiers de Paris
au temps de la pompe à vapeur.
Notez les harnais suspendus
qui tombaient sur le dos des chevaux
qui, dressés, se plaçaient
d'eux-mêmes à leur place.
Notez aussi que les engins
ne sont pas « calés » !

Maquette
d'une pompe
à vapeur
Shand Mason et C°.

1895

1895
Superbe casque d'officier
des sapeurs-pompiers
de Lyon porté
jusqu'en 1912.
Son cimier
et sa plaque dorée
distinguent l'officier.

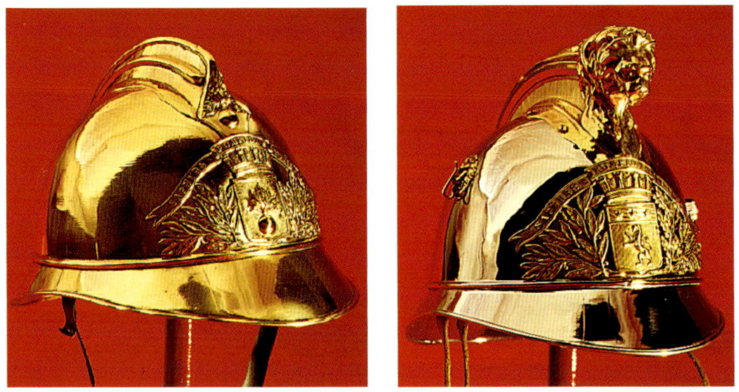

les compagnies de chemin de fer, alors privées, les filatures, les moulins... ainsi que les marins-pompiers des arsenaux ou des particuliers pour défendre leur château.
De multiples perfectionnements (pompes à plusieurs cylindres, disposés horizontalement pour atténuer les vibrations, à double circuit de vapeur...) en firent des moyens d'intervention efficaces débitant, pour les gros modèles, jusqu'à 1 800 l/min.
Les firmes françaises Thirion, Mieusset, Flaud et Cohendet, la compagnie de Fives-Lille, Weyher & Richemond... fournirent beaucoup de clients et exportaient mais, inversement, certains utilisateurs importèrent des modèles étrangers : Shand Mason et C°, Merryweather, Czermack, Béduwé...
Malgré l'apparition de l'autopompe, beaucoup restèrent en service jusque vers 1930, étant alors remorquées par une camionnette ou, leur train avant démonté, carrément fixées à l'arrière d'un châssis automobile, intervenant en ultime renfort ou servant aux épuisements.

Dévidoir mobile.
Il emporte deux types de tuyaux, une ligne de 45 et une ligne de 70. D'autres bobines peuvent être arrimées sur le dessus du coffre. Matériel fabriqué par les Établissements Carré, rue La Fayette à Paris.

Échelle aérienne Gugumus. Maquette exécutée en 1892 par le caporal Gouriou, sous-chef mécanicien au corps de Nantes.

La même échelle à taille réelle… et en action, ramenant au sol dans son panier d'osier une gracieuse personne.

Ceinture de feu et hachette.
La hachette est signée Thirion, mieux connu pour sa production de pompes à vapeur.

Ancienne borne d'incendie vers 1910.

LE DÉCRET DU 29 DÉCEMBRE 1875

Quatre ans de tergiversations (durant lesquels, en 1872, le conseil municipal de Paris tenta en vain de faire démilitariser ses sapeurs-pompiers), tournant autour du maintien de l'armement des sapeurs-pompiers, débouchèrent sur un texte qui décida de le conserver mais modifia substantiellement leur organisation : les communes devaient s'engager à posséder et à entretenir le matériel ainsi qu'à habiller et rétribuer les sapeurs-pompiers pendant une période reconductible de cinq ans ; les hommes s'engageaient aussi pour cinq ans alors que les officiers étaient nommés pour la même durée, renouvelable, par le ministre, qui pouvait les choisir hors du cadre de la compagnie ; les compagnies restaient armées mais ne pouvaient se réunir qu'avec l'autorisation du ministre de la Guerre ; la création d'inspecteurs départementaux pour uniformiser la tenue et les manœuvres était prévue. Conséquences immédiates, la chute brutale des effectifs, des artisans hésitant à se lier pour si longtemps. Par ailleurs, de nombreuses communes refusaient de former une compagnie réglementaire, d'où l'apparition de corps sans uniforme ni grade, appelés ouvriers-pompiers, travailleurs-pompiers, aides-pompiers. Des tensions se développaient, des démissions, des dissolutions inévitables se confirmaient selon les chefs imposés. Il n'y eut guère que le département de la Seine pour désigner un inspecteur départemental car les conseils généraux ne voulaient rien entendre.
Les effectifs, de 286 000 en 1867, tombèrent à 182 000 en 1877, le nombre de compagnies chutant de 8 760 à 6 130.

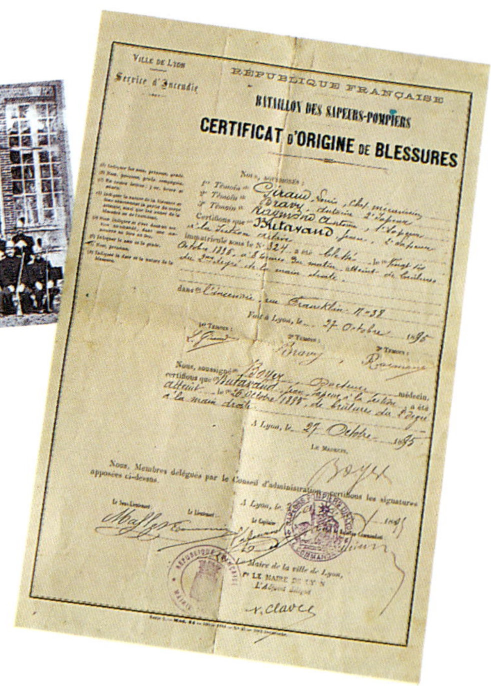
Ville de Lyon
Service d'Incendie
RÉPUBLIQUE FRANÇAISE
BATAILLON DES SAPEURS-POMPIERS
CERTIFICAT D'ORIGINE DE BLESSURES

1895 Certificat de blessures reçues au feu.

1892
Incendie des Grands Moulins de Corbeil. L'arrivée des premiers-secours de la commune. Deux pompes à vapeur tirées par leurs chevaux viendront de Paris en renfort.

1892
Incendie passage Gatbois à Paris.

1894
Un pompier blessé.

Epaulettes « 120 anneaux »
Ces épaulettes, vraiment spécifiques des sapeurs-pompiers sont formées d'un réseau entrelacé d'anneaux métalliques à la façon d'une cotte de mailles. Celles-ci protégeaient l'uniforme des déchirures provoquées par les rivets, facilitant, semble-t-il, le glissement des tuyaux de cuir quand ceux-ci étaient portés sur l'épaule.

1893
Casque pour appareil respiratoire en laiton avec deux oculaires en verre très épais et bavette sur l'avant. Une pompe à air permettait son fonctionnement. Ce casque a été utilisé jusqu'en 1919.

Après l'incendie…
Le travail du sapeur-pompier ne se limite pas à l'extinction et au sauvetage et même après l'incendie où, pour mieux le combattre, haches à pic et scies entrent en action. À remarquer l'aspect très « crocodile » de l'une des deux imposantes scies à deux mains.

PREMIERS CORPS MIXTES

Avec la mise en service d'un matériel exigeant un entretien attentif, des villes, soucieuses de disposer d'un piquet toujours prêt à partir, commençaient à recruter des professionnels, soldats du feu soldés à plein temps. Toutefois, pour des raisons financières, on conservait les volontaires (ultérieurement on intégrera les permanents) qui prenaient la garde les jours fériés, assuraient la surveillance dans les salles de spectacle, venaient en renfort en cas de gros sinistre : c'étaient les corps mixtes. Il en existe encore une multitude de nos jours. À titre d'exemple, retenons Saint-Étienne qui fut défendue par un corps de volontaires jusqu'au 4 avril 1900, par un corps mixte jusqu'en 1932, par un corps professionnel ensuite.

1895
Échelle à traction hippomobile.
D'une hauteur utile de 26 mètres et fabriquée par Magirus en Allemagne en 1895, elle fut utilisée par le corps de Lyon jusqu'en 1931 (maquette).

4 décembre 1892 : le menu du repas annuel de la fête des sapeurs-pompiers de Bourg-Argental ne manque ni de plats ni d'esprit…

1897
L'un des premiers ouvrages consacré à l'histoire d'un corps de sapeurs-pompiers, demeuré un classique… et fort rare.

1896
Échelle dite de Genève en service à Lyon.

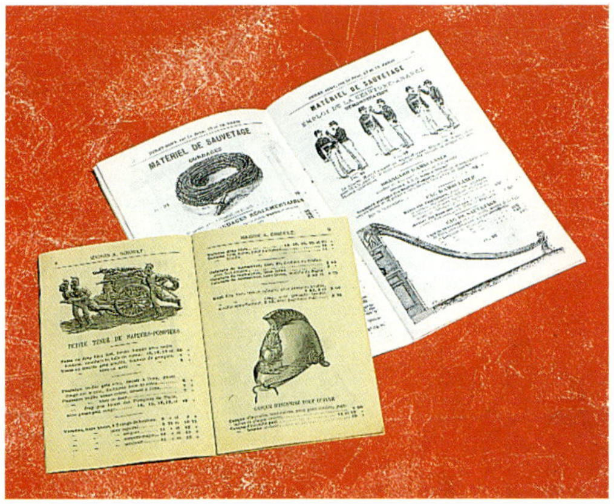

LE DÉCRET DU 10 NOVEMBRE 1903

Ce décret rendu sous le « Cartel des Gauches » allait transformer profondément les sapeurs-pompiers. L'engagement financier des communes passa de cinq à quinze ans et plusieurs pouvaient mettre en place un service d'incendie commun soumis au même commandement (le gouvernement ne craignait plus les rassemblements) ; les hommes étaient admis à partir de 18 ans et se voyaient conférer certains honneurs, des décorations ; seuls les corps de plus de cent hommes armés conservaient un drapeau frangé d'argent qui ne recevait pas les honneurs militaires ; les officiers et les sous-officiers anciens militaires conservaient leur grade de l'Armée quel que soit l'effectif du corps afin qu'ils ne se retrouvent pas sous les ordres d'anciens subordonnés (mesure qui entraîna des situations plus que ridicules… mais non mortelles !) ; le nombre des délégués préfectoraux dans les commissions d'admission s'éleva de trois à quatre, ce qui donnait la majorité au gouvernement qui, contrairement à un arrêt du Conseil d'État, pouvait persister à choisir les officiers en dehors des compagnies, ceux-ci n'ayant plus à souscrire d'engagement quinquennal ; la suspension des compagnies fut supprimée, seule la dissolution étant légale ; l'armement était non seulement maintenu (des fusils modèle 1874) mais déclaré indispensable au recrutement et la tenue des sapeurs-pompiers parisiens, adoptée à la couleur des boutons près, mise à la charge de la commune.

1905
De marque Catel à Lyon, cette motopompe était animée par un moteur monocylindre à pétrole qui entraînait deux arbres de transmission par un jeu d'engrenages tournant en sens inverse. Ces deux arbres portaient des augets qui projetaient l'eau à l'intérieur du corps de pompe vers les orifices de sortie de 65 mm.

1896
« Une terrible situation... »
titrait alors
***Le Petit Parisien*.**

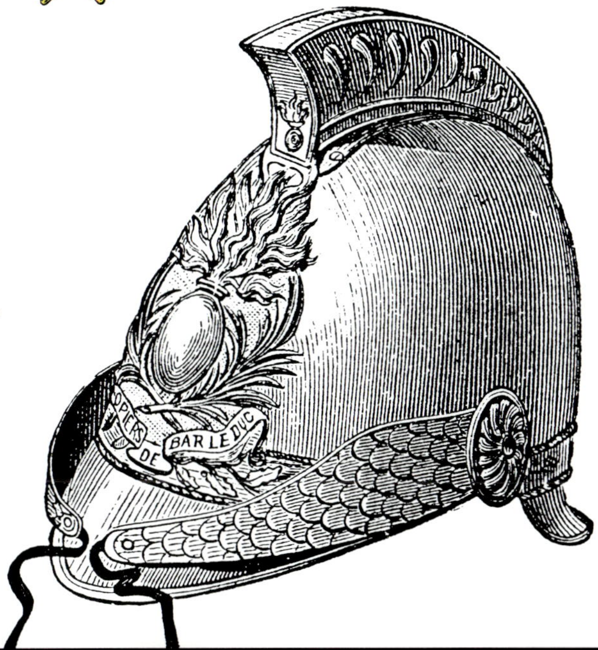

Roues à flasque pleine et à bandage, capotage aérodynamique... Cette petite motopompe de marque Guinard, pourtant de 1903, est décidement très en avance sur son temps. En arrière de la lance, une retenue à trois sorties de 45 mm qui s'adaptait directement sur les bouches d'incendie. Le tuyau porte la marque de la commune de Saint-Jean-le-Vieux.

Ces dispositions ne furent pas très bien accueillies et des représentants de la F.N.S.P.F. exposèrent leurs griefs au président du Conseil qui promit une loi fondée sur l'avis d'une commission extra-parlementaire jamais votée. L'opposition se déchaîna au Parlement, dénonçant l'embrigadement et la politisation des sapeurs-pompiers, une grave atteinte aux libertés des communes dont les maires allaient se contenter d'ordonner des dépenses, visées par le préfet !
La réaction sera rapide car, pour peu qu'un conseil municipal eût une majorité opposée à celle soutenant le gouvernement, il créait un corps « libre » avec tenue différente de l'uniforme, placé sous les ordres du maire qui désignait son chef. La presse, nationale, régionale, locale et professionnelle, rapporte des situations plus cocasses les unes que les autres : Brest, de par son importance, de par la durée du litige, de par son âpreté, battit les records, mais on connut de petits chefs-lieux de canton ayant eu trois compagnies : une légale, enrôlant les partisans du pouvoir, une libre groupant les amis de la municipalité, une indépendante composée de citoyens écœurés ou désabusés.
Finalement, un arrêt du Conseil d'État (1909) consacra la légalité des corps libres, attendu qu'on n'avait pas interdit aux communes de venir en aide aux institutions privées luttant contre le feu.

1905
Pompe à vapeur automobile Magirus de Strasbourg.

1907
Pompe à vapeur automobile des sapeurs-pompiers de Paris, fabriquée par Weyher & Richemond à Pantin. La simple manipulation d'un levier actionnait la pompe ou embrayait les roues arrière entraînées par une chaîne.

Juillet 1906
Grand incendie à la gare de marchandises de Brienne à Bordeaux.

L'une des pompes à vapeur des sapeurs-pompiers de Lille.

VERS LA PREMIÈRE AUTOPOMPE

À la charnière des deux siècles, diverses tentatives donnèrent naissance à des engins que l'on peut qualifier d'intermédiaires. On eut d'abord l'idée de faire entraîner le châssis de la pompe à vapeur par le moteur animant la pompe, ce que réalisèrent les Anglais, les Allemands (pompe à vapeur autotractée Magirus de Strasbourg), les Hollandais (firme W.A. Hoek), les Français, dont Weyher & Richemond (modèle mis en service à Paris le 7 mars 1904).

On employa un moteur électrique alimenté par des batteries assez lourdes, assurant une autonomie de soixante kilomètres à 20 km/h à un châssis transportant trois hommes sur lequel étaient montées une pompe aspirante-refoulante et une tonne de quatre cents litres d'eau : ce fut la pompe électrique mise en service à Paris le 30 janvier 1901.

Avec l'expansion du moteur à essence, tous les cas de figure se rencontrèrent, mais finalement c'est l'autopompe qui l'emporta : on entend, sous ce vocable, un châssis animé par un moteur à explosion qui entraîne la pompe qui y est fixée à demeure.

La première autopompe française répondant à cette définition fit l'objet du brevet n° 262762 déposé le 4 janvier 1897 par M. Léon Porteu et elle fut mise en service à Nancy le 1er février 1901.

Paris dut attendre le 16 avril 1907.

1900
Alerte pour feu de cheminée… Casque et veste de peau réglementaire sont, ici, complétés d'une commande et d'une hachette. À gauche, le « Pyrovore », appareil sous pression destiné à attaquer les feux de cheminée.

Autopompe Delahaye de premier départ type 32 PD.

Fourgon « Delahaye-Farcot » de premier départ type 39 PD.

Châssis Delahaye porteur d'échelle type 39 PE.

Échelle pivotante sur châssis Delahaye 24-26 mètres, adopté par les sapeurs-pompiers de Paris et de nombreuses villes françaises.

PREMIÈRES MOTOPOMPES

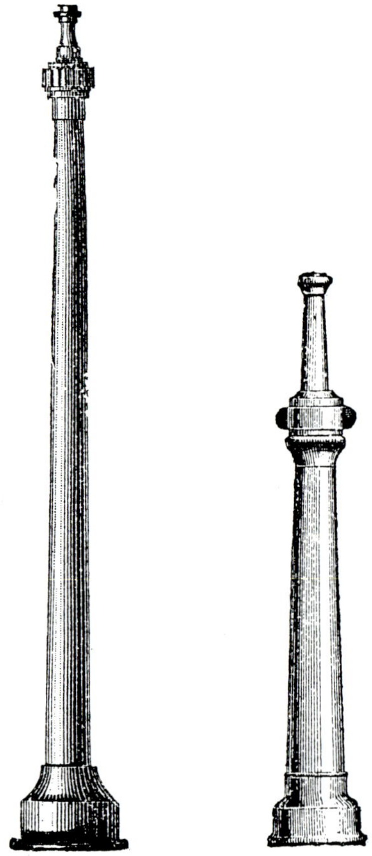

Le mot est-il féminin ou masculin ? Les dictionnaires hésitent encore. Doit-il s'écrire en un ou deux mots ? Rien n'est bien sûr.
Ce qui est sûr, c'est qu'il s'agit d'un engin constitué d'un châssis avec un (rarement deux) essieu à roues de charron, puis à bandages « Ducasble », puis à pneumatiques sur lequel est fixé un moteur (le moteur à explosion s'est imposé) qui entraîne une pompe solidaire de ce châssis. Du matériel est ajouté : aspiraux, tuyaux de refoulement, agrès hydrauliques, voire échelle à crochets. On le tire à bras ou on le remorque derrière une automobile, une autopompe, et c'est une motopompe remorquable. On construisit ensuite des motopompes portatives, légères et puissantes.
Apparue au tournant du siècle, elle s'imposait rapidement à cause de son coût modéré, très inférieur à celui d'une autopompe, de sa mobilité (on peut la tracter sur de mauvais chemins, l'amener au bord d'une rivière), de sa force mécanique (finie la manœuvre épuisante de la pompe à bras).

D'inspiration plutôt militaire, les fameuses planches pour enfants « Pro Patria » ont aussi exalté les interventions des sapeurs-pompiers.

1909
Les sapeurs-pompiers de Lyon, identifiables à leurs fameux casques à tête de lion, sont ici à bord du fourgon-pompe Berliet CAK. La pompe Drouville qui l'équipe est du type à piston.

Le dévouement.
Bronze de Drouot.

1890 - 1930
Trophées, couronnes, statues et médailles... Toutes ces récompenses étaient décernées lors de concours de manœuvres où chaque corps rivalisait de rapidité et d'audace.

Hotte de premier secours utilisée en pays accidenté, en montagne...
La hotte, portée à dos d'homme, réunissait tout le nécessaire pour l'établissement rapide d'une petite lance : tuyaux roulés, raccords, clés d'ouverture, lances...

Pompe à main du début du siècle,
seau en toile et fanal utilisés
par les sapeurs-pompiers de Mulhouse.

LE CONSEIL SUPÉRIEUR DES SAPEURS-POMPIERS

Il revient au commandant Cazier d'avoir émis un vœu au congrès fédéral de 1905 à Creil, demandant la création de ce conseil qui sera institué par un décret du 14 mars 1907.
Il comptait trente-cinq membres sous la présidence du ministre de l'Intérieur, à savoir des parlementaires, des ministres et dix-sept sapeurs-pompiers élus par des collèges électoraux, tous adhérents de la Fédération nationale, de ce fait bien placée pour transmettre ses doléances, obtenant d'ailleurs des résultats non négligeables : inscription au *Journal officiel* des nominations d'officiers (1908), mesures pour combattre les feux de forêt, création de sociétés de tir mais, surtout, préparation des modifications à apporter au décret de 1903, ce qui interviendra en 1914.

1906
Cérémonie de remise de récompenses aux sapeurs-pompiers méritants. Notez les sapeurs-pompiers anglais, à gauche, avec leur casque à haut cimier.

1909
Lyon : départ pour la revue à bord de ce fourgon transport de personnel et de matériel modèle 1867.

1907
Reconstitution des sapeurs-pompiers de Lézat au balancier de leur pompe à bras à double effet, de chez Batifoulier à Besançon.

LES SAPEURS-POMPIERS À LA VEILLE DE LA GRANDE GUERRE

Le décret du 18 avril 1914 décidait la reconduction tacite de l'engagement financier des communes, créait des sous-officiers chefs de corps de six à quatorze hommes, des cadres spéciaux pour les professionnels, des capitaines inspecteurs adjoints, accordait le grade de lieutenant aux sous-lieutenants ayant cinq ans d'ancienneté, fixait la limite d'âge à 60 ans, des souhaits du Conseil supérieur.
On recensait alors 332 000 sapeurs-pompiers communaux servant dans 12 070 compagnies.
Les unions départementales étaient nombreuses, la plupart publiant un bulletin de liaison, sans oublier ceux à diffusion régionale ou nationale. Elles organisaient des concours de pompes dans le cadre d'un congrès départemental, d'un comice agricole, d'une fête locale et c'était l'occasion de recevoir les autorités élues et administratives, d'exposer les doléances, de défiler en ville et de manœuvrer pour leur montrer le savoir-faire ; c'était, en retour, une tribune pour les hommes politiques, fiers de se montrer aux côtés des sapeurs-pompiers, serrant d'innombrables mains, insistant sur leurs efforts pour doter les services de secours.
À une époque où il n'y avait pas encore de radio, encore moins de télévision, où les animations collectives conservaient tout leur attrait, les corps de sapeurs-pompiers jouaient donc un rôle mobilisateur et attractif. En 1899, les assemblées de la F.N.S.P.F. devenaient des « fêtes fédérales ». On le voit, une réunion des sapeurs-pompiers ne peut être comparée à celle d'aucune autre association.
Leur rôle social n'est pas à sous-estimer, car ils animaient indirectement mais souvent la société de tir, la musique locale, la société des sauveteurs (la première fut fondée à Reims en 1873), la société de gymnastique (le capitaine de Montereau suscita sa création en 1886).
Leur rôle de pionniers s'affirmait avec l'essor des sociétés de secours mutuels, d'assurances contre les accidents qui complétaient les dispositions légales.

1907
Standard téléphonique et tableau avertisseur de la caserne de Mulhouse. À noter à gauche le téléscripteur à bande et le transmetteur-manipulateur morse pour recevoir et transmettre les informations. Les inscriptions sont en allemand puisque la ville de Mulhouse était sous administration allemande de 1871 à 1918.

AMPERE
VILLE D
SECOURS ROUTIER
HELICOPTERE DE SECOURS
PEUGEOT-ILE NAPOLEON
SNIP-PFASTATT
CORDOUAL PFASTATT
PLAN COMMUNE DE RIXHEIM
MOBIL OIL
GALERIES DE MULHOUSE
SCHWAB
PARUNIS
MONOPRIX
GLOBE
INNO
PRISONS DE MULHOUSE

LA PREMIÈRE GUERRE MONDIALE

Elle débuta par la mobilisation massive des sapeurs-pompiers qui désorganisa bien des corps où des vétérans âgés de 70 ans reprirent du service à côté d'auxiliaires à qui l'on ne reconnaîtra la qualité de sapeur-pompier que du bout des lèvres.
On comptait des corps en zone occupée permanente, dont on était pour ainsi dire sans nouvelles, des corps en zone de combat durement éprouvés par les attaques mais que l'on pouvait soulager et renforcer, des corps à l'arrière du front, même si l'aviation allemande lançait treize bombes sur Chartres le 15 août 1918, tuant plusieurs personnes et nécessitant l'intervention des sapeurs-pompiers.
Le problème du rachat des tenues engendra un scandale. À la fin de 1914, il s'avéra impossible d'habiller les gardes de voies et communications, les stocks étant épuisés. Le président de la Fédération proposa les uniformes des mobilisés et les corps durent céder à l'armée tenues et casques pour des sommes dérisoires. Malgré le rôle de la Fédération qui obtint la cession à un prix avantageux de drap inutilisé, de casques réformés (dont de dragons, ce qui fait que l'on a pu voir des sapeurs-pompiers en porter), et même de quelques véhicules, il faudra plusieurs années après les hostilités pour que les protestations véhémentes et indignées des élus et de nombreux chefs de corps se calment et que les sapeurs- pompiers, vêtus, puissent participer à des cérémonies et que les compagnies enregistrent à nouveau des engagements, nul ne se présentant plus faute de tenue de service.

UNE PROMESSE NON TENUE

Une taxe spéciale instituée le 13 avril 1898 devait être prélevée sur les primes d'assurance afin de permettre le versement d'une rente viagère aux veuves et aux orphelins des sapeurs-pompiers communaux. En 1925, soit près de trente ans après, la réversion aux communes de la totalité de cette taxe, par ailleurs mise à la charge des sociétaires, ne se faisait pas exactement comme prévu, seul le quart des sommes retenues sur les primes étant réellement versé.

Modèle 1910.

1910
L'une de pompes à vapeur de Lyon en pleine action. A noter, à gauche, le tas bien ordonné des briques de charbon que le chauffeur brisait à coups de masse avant d'en garnir le foyer.

1914
Caserne des sapeurs-pompiers de Lyon.

1914
Premier-secours Berliet.

La voiture particulière du chef de corps des sapeurs-pompiers de Lyon.

1925
Premier-secours Délahaye 84 PS de Chartres.

1913
Premier secours Delahaye type 43 PS.
Entraîné par son moteur 4 cylindres de 20 ch,
le PS était équipé d'une pompe de marque Delahaye
— on n'est jamais si bien servi que par soi-même —
d'une capacité de 1 000 l/min. À remarquer les roues
à rayons type artillerie montées sur bandages pleins.

1914
Autopompe Mieusset. Fabriquée à Lyon par les Établissements Mieusset, cette autopompe a vu le jour en 1908. La pompe à 2 pistons d'un débit de 1 000 l/min était mue par le moteur Mieusset 4 cylindres de 12 ch. L'autopompe assurait la protection contre l'incendie des Papeteries Berges à Lancey.

1910
Autopompe Vermorel.

Grande tenue

Casque avec crinière.
Casque sans crinière.
Tunique.
Epaulettes.
Pantalon d'ordonnance.
Gants blancs.

SAPEURS POMPIERS de MULHOUSE.

Réunion du Corps au Werkhof avec armes le
à heures du en Grande tenue.
Le Sergent Major,

M

Seront considérés comme absents les Sapeurs-Pompiers qui ne se trouveront pas à l'appel, lequel sera fait un quart d'heure après l'heure indiquée sur les billets de convocation.
Seront également portés comme absents les Sapeurs-Pompiers qui viendront dans une tenue autre que celle commandée.

Les convocations aux exercices, manœuvres, réceptions, réunions, défilés sont nombreuses...

ÉVOLUTION DES MOYENS D'ALERTE

Après le service du guet (qui persista à Boulogne-sur-Mer jusqu'en 1922) et son tocsin était apparue la sirène dont la portée pouvait atteindre quatre à cinq kilomètres (Nantes ne supprimera la sienne qu'en 1972).

Avec la popularisation du télégraphe puis du téléphone les sapeurs-pompiers s'orientèrent dans deux directions :

- faciliter et raccourcir le temps de l'alerte en reliant la caserne ou le poste de garde permanente (le bureau de police, la gendarmerie) avec les établissements à risque d'abord (ligne directe) puis avec les citoyens (pose des premiers avertisseurs sur la voie publique en 1885). Le branchement de postes à domicile était lent, les maires devant demander aux privilégiés de mettre leur appareil à la disposition de ceux qui estimaient devoir provoquer les secours ;
- faciliter et raccourcir le temps nécessaire au rassemblement du personnel : avec le télégraphe, on relia la caserne centrale aux casernes secondaires ou à des services spéciaux (Paris en 1870-1871, Bordeaux en 1878...) ; avec le téléphone, on put prévenir très vite les officiers et quelques sapeurs qui à pied ou à vélo se précipitaient chez leurs camarades ; c'était l'appel sélectif balbutiant en 1925.

Quand l'« image d'Épinal » raconte les sapeurs-pompiers de Paris…

1923
Cette motopompe est entraînée par un moteur Mieusset à amorceur à piston. L'accompagnant pour son départ au feu, un projecteur portable à acétylène et une échelle pliante à crochets pouvant être manœuvrée par un seul homme.

LA FÉDÉRATION DES SAPEURS-POMPIERS

Il ne paraît pas possible de clore ce chapitre sans parler de la F.N.S.P.F. qui a été fondée durant cette période. Il n'était pas défendu de s'associer avant la célèbre loi de 1901, seule la procédure différait, et l'on assista à la constitution d'unions d'officiers, avec ou sans les sous-officiers, dans plusieurs départements (il pouvait y avoir quatre associations dans le même), à l'échelon du corps, du canton, débouchant sur des unions départementales (Seine, Seine-et-Oise, Eure-et-Loir…). Le lieutenant Charles Michel, fils d'un capitaine tué en venant d'éteindre un incendie, commandait le corps de Vailly-sur-Aisne quand en 1873 il publia un opuscule traitant de la réorganisation des sapeurs-pompiers qui lui valut une lettre de félicitations du ministre. Promu capitaine en 1877, il eut l'idée de réunir le 18 septembre 1881 les officiers et les sous-officiers de l'Aisne en vue d'étudier la création de l'inspection départementale prévue par le décret de 1875, d'uniformiser les manœuvres, d'inventorier et moderniser le matériel, de former les hommes. Pas moins de vingt-sept questions furent étudiées lors de la première réunion, dont la nécessité de fonder une fédération, de publier un bulletin… Le premier congrès se déroula à Reims en 1882.
L'Union nationale des sapeurs-pompiers français, dissidente de celle du capitaine Michel, vit le jour le 12 novembre 1900, admettant des corps, des unions cantonales, départementales. En fait, son programme différait peu. Une tentative de rapprochement s'amorça dès le 6 janvier 1903 lors d'une réunion commune à Paris, prévoyant la fusion pour le 1er janvier 1904,

1926
Tableau de commande arrière d'une autopompe Somua. La pompe est de type à pistons dite « à barillets » d'un débit de 2 000l/min sous 6 kilos de pression. En haut, le cadran du compte-tours ; à gauche, celui d'indicateur de vide ; à droite, les deux manomètres de pression. Entre les quatre sorties, la porte entrouverte de la pompe montre les barillets répartis autour de l'axe.

1926
Autopompe Somua.

1923
Échelle mécanique Merryweather des sapeurs-pompiers de Lyon.

1927
Moto de marque Motobécane servant pour de premières interventions dans les cabanons qui parsemaient les parcs à huîtres autour de la commune de La Tremblade. La moto emportait dans des sacoches en cuir tout un petit équipement de lutte contre l'incendie et en particulier de petites pompes à main.

mais on la reporta. Quand le 17 mars 1907 le commandant Gouzé redevint président, tout alla très vite et la mise en place prochaine du Conseil supérieur des sapeurs-pompiers amena la réunion des deux groupements le 21 juillet 1907 : la Fédération nationale des sapeurs-pompiers français (F.N.S.P.F.) était née.

Dès lors, ses dirigeants n'auront de cesse d'organiser et de défendre les sapeurs-pompiers qui, curieusement, se sentaient de plus en plus membres d'une « corporation » : étude de l'organisation et de l'amélioration du service public qui leur est confié ; perfectionnement de leur formation technique, physique, morale ; défense de leurs droits et de leurs intérêts matériels et moraux ; information par la diffusion d'un bulletin ; aide et assistance à ses adhérents et à leur famille à travers ses œuvres sociales. (Rappelons la souscription en faveur du lieutenant Lhopiteau condamné en 1907 à verser des dommages-intérêts considérables suite à un accident de la circulation alors qu'il se rendait au feu, la création de la Caisse de secours immédiats, de la Caisse d'extrême urgence, de la Caisse d'assurances contre les accidents aux tiers, de l'Œuvre des pupilles.)

Elle poursuit son action, présidée en 1994 par le colonel Bernard Janvier, regroupant des individus, des unions régionales, départementales, soit 201 800 adhérents au 31 décembre 1992. Ses objectifs n'ont pas varié : elle organise un congrès annuel, en présence du ministre de l'Intérieur, voire du Premier ministre, et attirant des centaines d'exposants ; elle publie un mensuel, en couleur, servi à 65 000 abonnés, support diffusant les nouvelles administratives, techniques, d'intérêt général ; elle édite des ouvrages ; elle est à l'écoute de commissions qui analysent, étudient et proposent des réformes…

Intervention dans un milieu enfumé en 1920.
Les dévidoirs ont été dégarnis de leurs tuyaux.
Au premier plan, un hydro-ventilateur, système
d'évacuation des fumées fonctionnant sous
pression d'eau, est prêt à entrer en action.
À l'arrière-plan, la pompe à air et son masque
Vanginot. Le sapeur-pompier était relié à la pompe
par un long flexible métallique de 25 mètres.
À droite, derrière le dévidoir aux superbes roues
charronnées, un appareil émulseur, producteur
de mousse, marque Minimax.

1927
Échelle mécanique
de 26 mètres Magirus.
Fabriquée à Ulm, en Allemagne.
Cette échelle a été montée
sur un châssis Delahaye type 89.
La manivelle servant au dressage
de l'échelle est en place.
Celle de pivotement est restée
en position de route.
Le développement des plans s'opérait
par une troisième manivelle
positionnée au bas de l'échelle.

1923
Delaunay-Belleville.

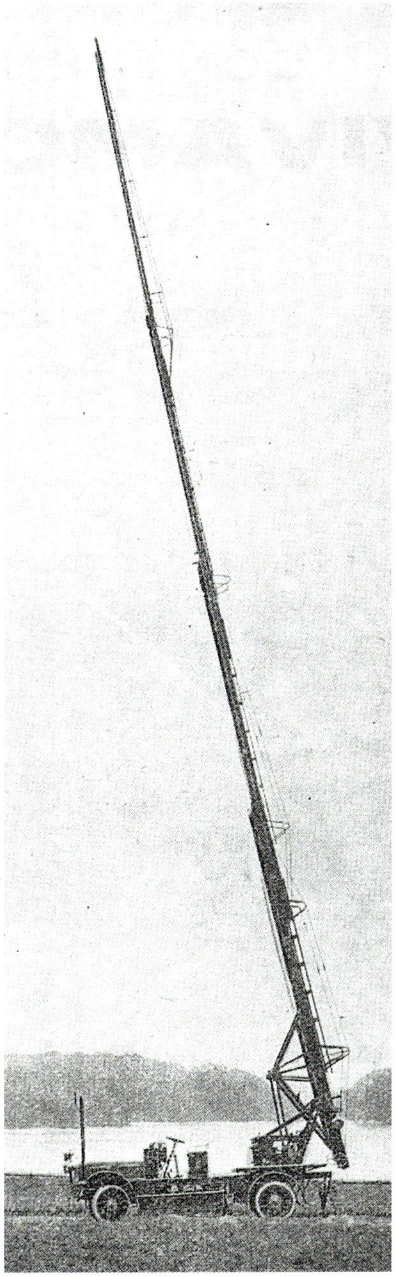

LES AMICALES

Une compagnie de sapeurs-pompiers n'a pas d'existence juridique et morale : c'est la commune (et maintenant parfois, le département) qui possède locaux et matériel. Après la guerre, de nombreuses amicales, profitant des facilités de la loi de 1901, se développèrent dans les compagnies, les sommes récoltées (cotisations, recettes de fêtes, vente de calendriers...) alimentant une caisse servant à acheter du petit matériel, à participer à des concours, à éditer des souvenirs (assiettes, porte-clés, autocollants...), à organiser d'autres fêtes (bal, kermesse, commémorations...), des excursions, éventuellement à ouvrir des centres de séjour et de vacances.

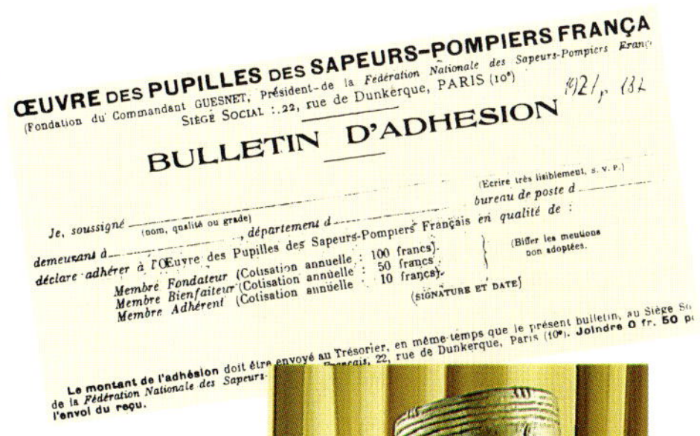

ŒUVRE DES PUPILLES DES SAPEURS-POMPIERS FRANÇA[IS]
(Fondation du Commandant GUESNET, Président de la Fédération Nationale des Sapeurs-Pompiers Franç[ais])
SIÈGE SOCIAL : 22, rue de Dunkerque, PARIS (10e)

1921, p. 132

BULLETIN D'ADHESION

(Ecrire très lisiblement, s. v. p.)

Je, soussigné .... (nom, qualité ou grade)
demeurant à ...., département d .... bureau de poste d ....
déclare adhérer à l'Œuvre des Pupilles des Sapeurs-Pompiers Français en qualité de :
Membre Fondateur (Cotisation annuelle : 100 francs).
Membre Bienfaiteur (Cotisation annuelle : 50 francs).
Membre Adhérent (Cotisation annuelle : 10 francs).
(Biffer les mentions non adoptées.)
(SIGNATURE ET DATE)

Le montant de l'adhésion doit être envoyé au Trésorier, en même temps que le présent bulletin, au Siège So[cial] de la Fédération Nationale des Sapeurs-[Pompiers] Français, 22, rue de Dunkerque, Paris (10e). **Joindre 0 fr. 50 p[our] l'envoi du reçu.**

1926
Le 27 mars, le commandant Guesnet, alors président de la Fédération nationale des sapeurs-pompiers français, crée l'Œuvre des pupilles.

LES SAPEURS-POMPIERS COMMUNAUX DÉSARMÉS

LE DÉCRET DU 13 AOÛT 1925

Il portait réorganisation des corps de sapeurs-pompiers, et même s'il fut rapidement modifié et complété, il restera des plus marquants puisqu'il désarmait les sapeurs-pompiers (et de ce fait restait complètement muet au sujet du drapeau), désormais entièrement civils. Seul le ministre de l'Intérieur l'a signé. Il remplaçait les sections, subdivisions, compagnies, bataillons par une seule formation, le corps de sapeurs-pompiers supprimant les musiques et les demandes d'autorisation pour se réunir. Il créait les inspections départementales et le service de santé et spécifiait que les secours demandés ou acceptés par une commune l'obligeaient au remboursement des frais engagés.

Sur les lieux du sinistre, les officiers se regroupaient autour de leur chef de corps pour prendre les ordres. Celui-ci était immédiatement repérable par son fanion, éclairé la nuit par un fanal rouge. Clairon et porte-voix pouvaient de plus transmettre les ordres à distance. Le fanion présenté est celui du chef de corps de Mulhouse.

Pris sur le vif... Des badauds aident les pompiers à manœuvrer la lourde pompe à vapeur. Les flammes attaquent déjà les combles de l'hôtel. Nous sommes le 12 avril 1921...

APRÈS LE DÉCRET DE 1925

Le 28 juillet 1927, l'aide socio-économique aux sapeurs-pompiers volontaires blessés ou à leurs veuves fut améliorée, les professionnels jouissant d'un régime propre à chaque ville tenue de les garantir contre les divers risques encourus.
Des groupements non obligatoires de communes à l'échelon départemental, ne possédant pas la personnalité juridique bien que gérant un budget, virent le jour dans le Pas-de-Calais (6 janvier 1926), la Meuse (22 octobre 1929), l'Oise (23 septembre 1930), l'Eure-et-Loir (17 mai 1932)...
Un décret du 30 novembre 1938 fixait la proportion des gradés en fonction de l'effectif, modifiait la composition des conseils d'administration des corps professionnels, accordant plus de prérogatives aux hommes.
Le 11 mai 1929, le Comité technique de prévention du feu naissait, mais aussi un groupe de défense des intérêts des sapeurs-pompiers qui se constituait au Parlement à l'instigation du président de la F.N.S.P.F., unissant plus de trois cents députés.
Avec la crise économique et le chômage, le 14 novembre 1929 les taux de pensions étaient revalorisés et la subvention annuelle à l'Œuvre des pupilles portée à 50 000 francs.
À partir du 29 avril 1930, la F.N.S.P.F. était autorisée à émettre des billets de la Loterie nationale.

Une délibération du Comité des grands réseaux de chemin de fer (20 juin 1933) acceptait de consentir le demi-tarif pour les sapeurs-pompiers voyageant à cinq au moins et sans prise en considération de distance parcourue ; ce fut l'aboutissement de demandes réitérées.

**Prêts à « décaler » en 1936.
Maquette réalisée pour l'Exposition universelle de 1936 et montrant les véhicules du corps de Lyon dans leur caserne de la rue Rabelais.**

78
DELAHAYE

1936
Premier-secours Delahaye type 104-103.
Les portes latérales des coffres sont déjà ouvertes, dégageant les sorties. Une ligne de 70 a été établie. Une autre est en attente. Le premier-secours est traditionnellement équipé d'une citerne allant de 400 à 600 litres et d'une pompe, par exemple une centrifuge « Rateau » à amorçage à pistons.

Planche à découper de la collection « Pro Patria » des années 1950.

1932
Motopompe remorquable Renault. Le moteur Renault KZ 4 ch, type 343, entraîne la pompe centrifuge. Celle-ci est équipée d'un amorceur à pompe.

1939
Premier secours Laffly, type BSS C 3-6. La pompe centrifuge de 1 000 l/min de débit avec amorceur à anneau d'eau est montée sur un châssis Hotchkiss 3, entraîné par le fameux moteur Hotchkiss 6 cylindres de 17 ch.

DES POMPIERS MILITAIRES À MARSEILLE

Le vendredi 28 octobre 1938, vers 14 heures 30, le magasin des Nouvelles Galeries de Marseille, édifié en plein centre-ville, sur la Canebière, s'embrasait et, officiellement, soixante-quinze personnes y trouvèrent la mort.
Ce sinistre, prenant rapidement de l'extension, menaça bientôt d'autres bâtiments, dont un hôtel où d'éminents politiciens se trouvaient réunis, l'un d'eux se pressant d'appeler en renfort les sapeurs-pompiers de sa ville, Lyon, qui arrivèrent par train spécial… à 23 heures. Mais ce furent principalement les marins-pompiers de Toulon venus en renfort qui firent forte impression.
Le 12 novembre 1938, le gouvernement modifia la loi en décidant le placement sous le régime militaire de corps communaux, et un bataillon de marins-pompiers fut affecté à Marseille, ses frais de fonctionnement restant à la charge de la ville. Il va sans dire que les protestations, toujours véhémentes, se multiplièrent mais des événements plus préoccupants calmèrent les velléités des libéraux et des partisans de l'indépendance des maires.

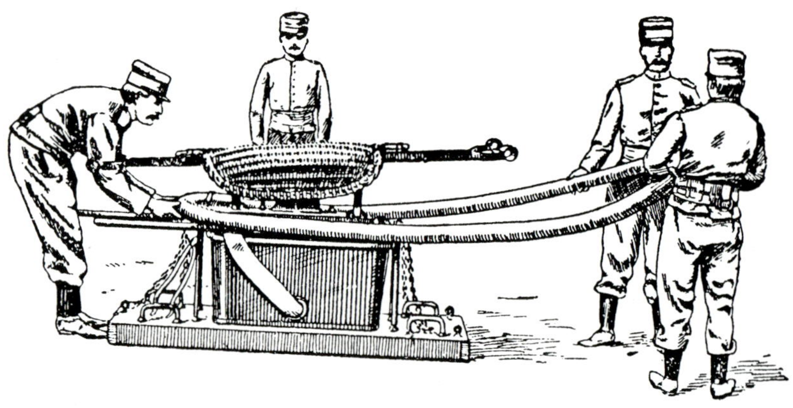

1937
Camion-grue Berliet des sapeurs-pompiers de Lyon couramment appelé « Tracteur 34 ».

1932
Fourgon-pompe Latil.
Vue arrière du véhicule montrant la pompe Drouville de type à pistons. La sphère au-dessus du corps de pompe en agissant comme un régulateur évitait une sortie discontinue de l'eau de la lance. Cet inconvénient bien connu des sapeurs-pompiers de l'époque sera pratiquement résolu par l'apparition des pompes centrifuges.

LA SECONDE GUERRE MONDIALE

Borne ou poteau d'incendie de la seconde génération. L'arrivée de l'eau était commandée par une vanne située sous le capot supérieur.

La mobilisation désorganisa les corps communaux alors que le décret-loi du 22 février 1940 chargea, sans préavis, le régiment de sapeurs-pompiers de défendre tout le département de la Seine, les sapeurs-pompiers encore soumis aux obligations militaires étant affectés à cette formation, le matériel et les installations étant réquisitionnés au 31 mars (60 casernes et environ 2 000 hommes). Dès le 7 mars, les maires s'inquiétèrent face à leurs services municipaux démantelés par la mobilisation de leurs employés devenus sapeurs-pompiers militaires. Le préfet de la Seine lui-même protestait le 22 mars devant le sort fait à son inspecteur départemental.
Le 11 novembre, le ministre de l'Intérieur faisait preuve d'autoritarisme, écrivant : « *Je vous saisis... d'un projet de loi tendant à la création d'un Corps de pompiers d'Etat élaboré par mes services...* »
L'avance rapide des Allemands accompagnée d'attaques aériennes mit les sapeurs-pompiers à rude épreuve. Ceux des zones progressivement envahies, et une partie des militaires du régiment, conformément aux ordres, évacuèrent leurs casernes pour se replier au sud : Sarreguemines à Chasseneuil, Chartres à Limoges, Rambouillet à Église-Neuve-Sainte-Marie, Giromagny à Gaillac, Corbeil-Essonnes à Montaigut-en-Combrailles, Pontoise à Châteauroux... Ils ne rentreront qu'à partir de l'automne 1940 pour se trouver confrontés aux rigueurs de l'occupant, aux privations alimentaires, aux bombardements anglo-américains, aux exigences du S.T.O., au manque d'essence, de pneumatiques.
Les sapeurs-pompiers parisiens, désarmés le 25 juin 1940 (sauf les officiers) et rattachés le 5 avril 1943 au ministère de l'Intérieur, envoyèrent des détachements en renfort à Orléans, Le Havre, Rouen, Cherbourg...
Malgré tout, les sapeurs-pompiers affrontèrent la situation avec courage et détermination, participant en nombre à la Résistance et beaucoup seront arrêtés, déportés, fusillés.

1934
Le corps des sapeurs-pompiers de Villeneuve-Saint-Georges... au grand complet.

1935
Sapeurs-pompiers de Paris.

Fourgon-pompe rapide Laffly.

Fourgon-pompe Somua.

Fourgon-pompe à carrosserie fermée Delahaye des sapeurs-pompiers de Paris.

Du plus petit ajutage au plus gros, de la plus perfectionnée à la plus rustique, la lance d'incendie reste la compagne éternelle du sapeur-pompier...

Tuyaux et agrès hydrauliques. Rassemblées ici symboliquement, trois générations de tuyaux, du plus ancien en cuir riveté à gauche, au tergal d'aujourd'hui à droite, en passant par le lin. À droite, la culotte division, utilisée avec les pompes volumétriques. Au premier plan, les tricoises, servant à serrer les raccords des tuyaux. Au fond à droite, l'étrangleur qui permet d'arrêter le passage de l'eau dans un tuyau, en cas de grosse fuite ou pour « transformer ».

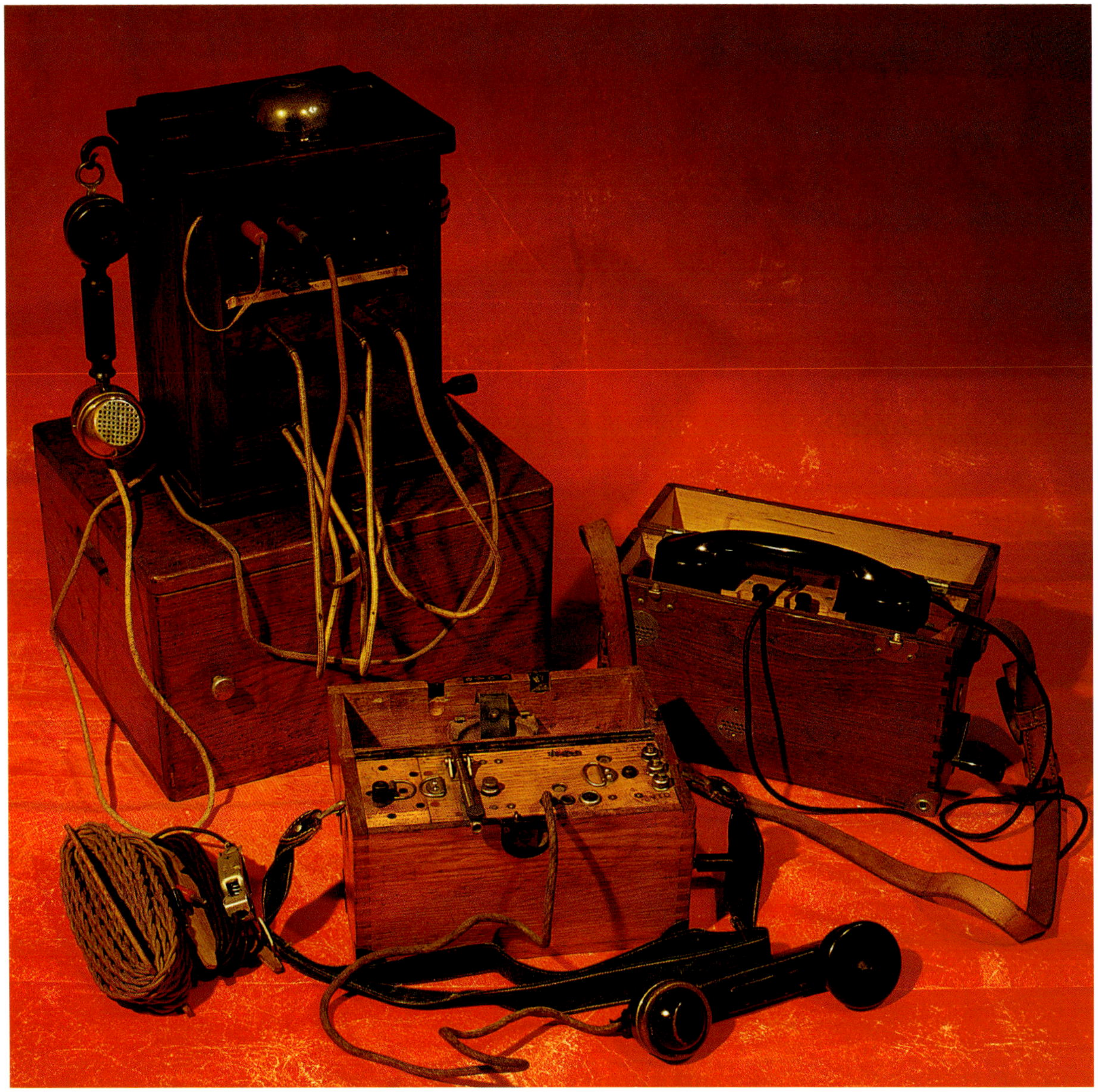

Postes de commandement de campagne et téléphones portatifs en graphie puis en phonie vont faciliter le déroulement de l'intervention.

Avertisseur à l'usage du public, relié directement à une caserne.

LE CONSEIL SUPÉRIEUR DE LA PROTECTION CIVILE

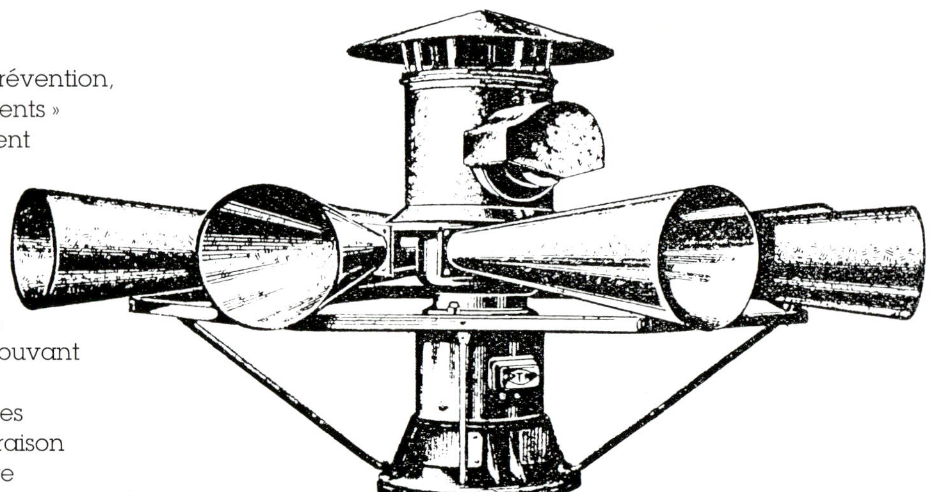

Le rôle joué par la Défense passive, l'importance prise par la prévention, l'évident avantage de disposer de sapeurs-pompiers « permanents » de garde à la caserne et prêts à partir, le désir du gouvernement d'éviter les tempêtes de feu et de se protéger contre le risque d'une guerre atomique allaient influencer les sapeurs-pompiers.

Créé par décret du 22 mars 1947, le Conseil supérieur de la Protection civile, qui remplaça le Conseil supérieur des sapeurs-pompiers, tentait de mettre en place de nouvelles structures adaptées à l'après-guerre. Divisé en deux sections pouvant elles-mêmes se diviser en commissions et sous-commissions, iil était constitué de représentants des Assemblées et de diverses administrations, de sapeurs-pompiers, de membres choisis en raison de leur compétence. Il se réunissait sur convocation du ministre de l'Intérieur quand il le jugeait opportun, ses avis ne le liant aucunement.

Les moyens d'alerte. Téléphones, sonneries, lignes directes pouvant à tout moment être déclenchés par le public vont équiper peu à peu la plupart des lieux publics.

République Française

UNION DÉPARTEMENTALE
des SAPEURS-POMPIERS du DOUBS

DIPLOME D'HONNEUR

Mr le Capitaine Gros, de Rulhouse

à été nommé à l'unanimité par l'Assemblée Générale du 9 Juin 1955

Membre d'Honneur de l'Union

Le Président, Le Secrétaire,

Diplôme d'honneur d'une union départementale.

1950
Échelle mécanique 30 mètres Metz, sur châssis Laffly.

APRÈS LE DÉCRET DU 7 MARS

En 1953, le gouvernement réorganisa les corps communaux, puis, le 20 mai 1955, créa les Services départementaux d'Incendie et de Secours (S.D.I.S.) s'imposant à toutes les communes, chacune se trouvant rattachée à un centre de premier appel et à un centre de second appel. Ils furent remodelés le 4 août 1982, devenant des établissements publics dotés de la personnalité morale et juridique et de l'autonomie financière. Gérés par une commission administrative présidée par le président du conseil général (qui en fait ne détient que très peu de pouvoir), le préfet (qui conserve les principaux pouvoirs) en est membre de droit. Il faudra attendre le 8 décembre 1980 pour que les inspecteurs (I.D.S.I.S.) deviennent des directeurs départementaux (D.D.S.I.S.) placés sous la double tutelle du président du conseil général et du préfet, gérant les crédits, ayant la charge du personnel professionnel et non professionnel, assurant les moyens nécessaires à la sécurité de la population et des biens.

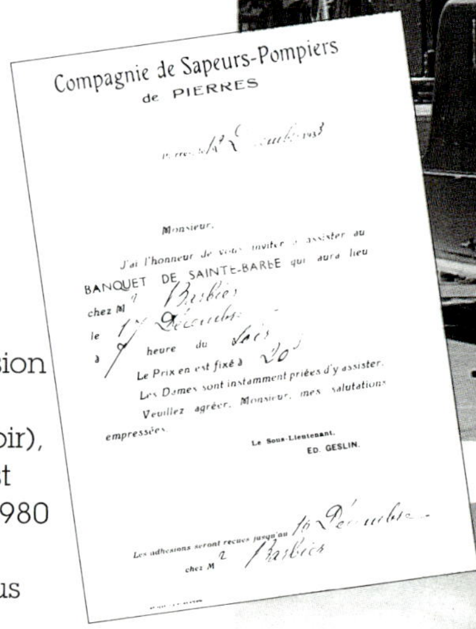
Compagnie de Sapeurs-Pompiers
de PIERRES

Monsieur,

J'ai l'honneur de vous inviter à assister au BANQUET DE SAINTE-BARBE qui aura lieu

chez M.

le Décembre

à heure du soir

Le Prix en est fixé à

Les Dames sont instamment priées d'y assister.

Veuillez agréer, Monsieur, mes salutations empressées.

Le Sous-Lieutenant,
ED. GESLIN.

Les adhésions seront reçues jusqu'au 16 Décembre
chez M.

EXTENSION DU DOMAINE DES SAPEURS-POMPIERS MILITAIRES

C'est le 25 juin 1951 que la dissolution des corps de volontaires de la Seine fut officialisée et le décret du 30 décembre 1953 réintégrait le régiment de sapeurs-pompiers de Paris dans l'armée, ce qui lui rendit ses prérogatives militaires.

Canne de tambour-major, clairon et tambour des sapeurs-pompiers de Lyon. Une tête de lion figure devant la plane du cimier du casque, tradition unique, réservée au corps de la cité rhodanienne.

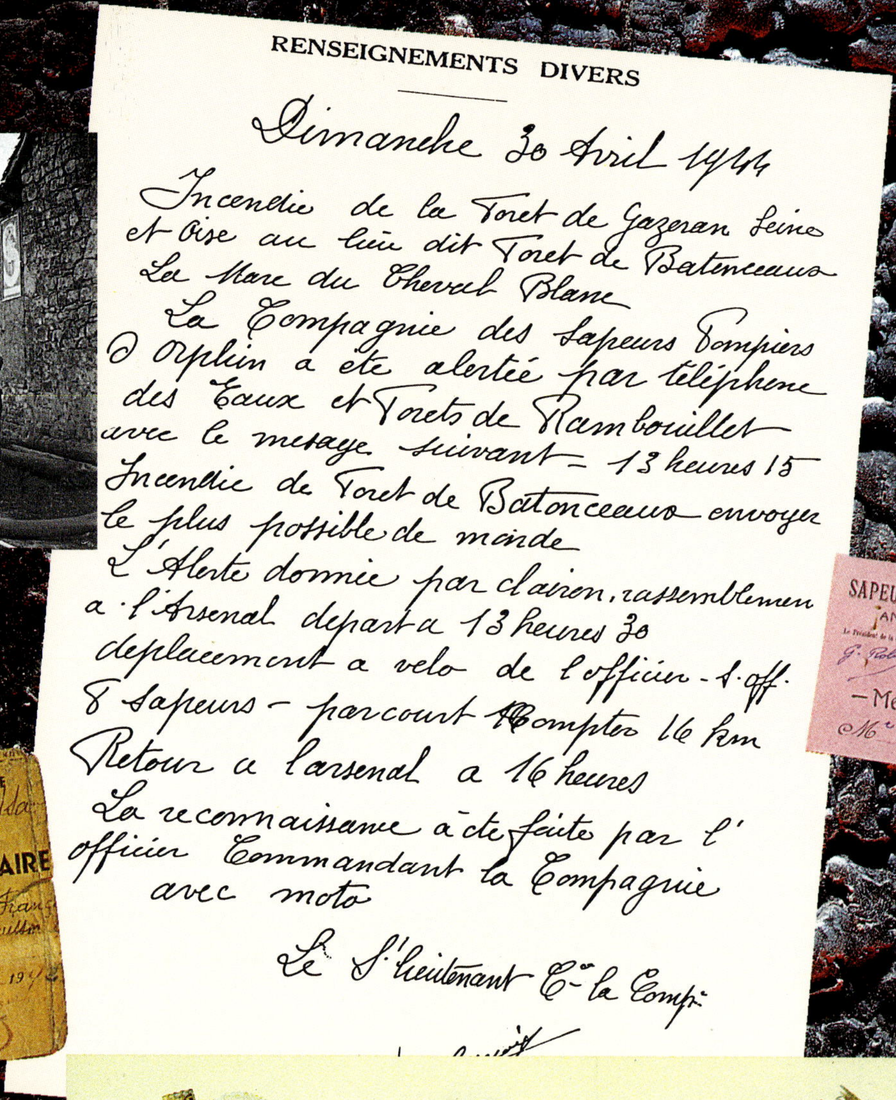

RENSEIGNEMENTS DIVERS

Dimanche 30 Avril 1944

Incendie de la Foret de Gazeran Seine et Oise au lieu dit Foret de Batonceaux La Mare du Cheval Blanc

La Compagnie des Sapeurs Pompiers d'Orphin a été alertée par téléphone des Eaux et Forets de Rambouillet avec le message suivant – 13 heures 15

Incendie de Foret de Batonceaux envoyer le plus possible de monde

L'Alerte donnée par clairon, rassemblement à l'Arsenal départ à 13 heures 30 déplacement à vélo de l'officier - s. off. 8 sapeurs – parcourt Compteur 16 km

Retour à l'arsenal à 16 heures

La reconnaissance a été faite par l'officier Commandant la Compagnie avec moto

Le S/Lieutenant Ct la Compi

1942
Carte de membre d'une amicale

1942
Carte de volontaire de la Défense passive permettant aux sapeurs-pompiers de circuler après le couvre-feu.

1948
Manuel de règlement de manœuvre des fourgons-pompes du régiment des sapeurs-pompiers de Paris.

1943
Au fond de l'abri, dans l'attente de la fin du bombardement…

L'attaque.
Bronze de T. Somme.

Après le dépôt d'un rapport visant à militariser tous les sapeurs-pompiers qui tomba aussitôt aux oubliettes (il ne subsistait des corps que dans les grandes villes avec 70 % des effectifs à l'est d'une ligne Rouen - Lyon), un conflit lié à la réorganisation de la région parisienne (loi du 10 juillet 1964) qui créait de nouveaux départements, enlevant quarante-trois communes à la Seine-et-Oise, relança le débat : un lieutenant-colonel, retraité du régiment, non titulaire des diplômes requis par la loi, nommé inspecteur départemental, émut vivement la F.N.S.P.F. qui saisit le tribunal administratif. Le 2 avril 1965, le régiment de sapeurs-pompiers était rattaché au génie avant d'être transformé en brigade (1er mars 1967), étendant son rayon d'action sur Paris, les départements de Seine-Saint-Denis, du Val-de-Marne, des Hauts-de-Seine (1er juillet 1968).

1940
Pendant toute la durée de la Seconde Guerre mondiale, certains corps furent équipés de casques en provenance des surplus de l'armée. Le casque était peint ; seule la plaque était en cuivre rapporté, et le cimier en tôle grise.

1943
En premier départ, l'autopompe est accompagnée de deux Peugeot 402 de dotation, remises par la Défense passive.

Poteau d'incendie actuel.

Tenue de lieutenant.

1958
Billet de la Loterie nationale émis en 1958 au profit de l'Œuvre des pupilles des sapeurs-pompiers. L'illustration évoque un premier départ type de l'époque avec un premier-secours, un fourgon-pompe et la grande échelle... pas moins !

1953
Remise des fourragères au centre de secours principal de Villeneuve-Saint-Georges.

1954
Modèle 1954 à bombe chromée porté par les sapeurs-pompiers de Lyon jusqu'en 1989.

1950
Fourgon-incendie normalisé Delahaye sur châssis type 163.

1960
Maquette
de motopompe.

Rare casque prototype en fibre de verre mis en service dans quelques corps (dont celui de Chartres, ici) dans les années 1950, mais sans suite.

Fourgon-pompe grande puissance sur châssis PCK 8F.

Camion-citerne lourd Berliet pour feux de forêts. Châssis Berliet GLB 19 4 F à 4 roues motrices.

Échelle Magirus sur châssis Berliet.

F.I.N. Berliet GLA.

Au cours des années soixante, de nombreux types de casques ont été expérimentés dans certains corps. Ici, un modèle en matière plastique dont ni la conception, ni le matériau n'ont été retenus.

Sixties à la caserne.
La mode est au court...
et si la minijupe
enflamme les esprits,
les sapeurs-pompiers sont là...

L'incendie, le craquement du bois qui brûle, le ronflement des flammes et puis soudain, trouant la fumée épaisse qui roule sur la route, le girophare bleu et l'éclat vermillon des premiers camions : les pompiers ! Cette image, véritable symbole de l'action des sapeurs-pompiers est la plus spectaculaire. Aussi forte qu'elle soit, elle ne représente pourtant qu'une petite partie de l'éventail de leurs missions. Mais parce que la peur du feu remonte aux origines mêmes de l'Homme, cette image demeure à jamais le symbole même du courage et de la détermination de ces hommes et de ces femmes qui ont choisi un jour d'être sapeur-pompier.

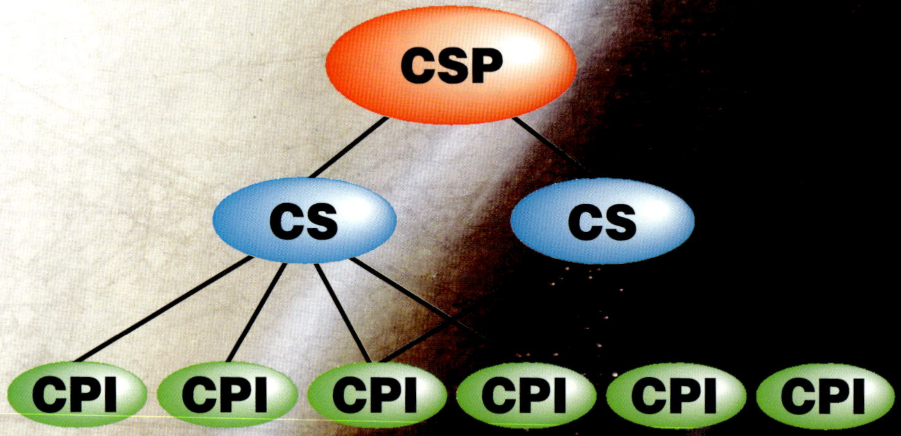
CSP
CS
CS
CPI
CPI
CPI
CPI
CPI
CPI

LE SAPEUR-POMPIER AUJOURD'HUI

LES SAPEURS-POMPIERS ACTUELS

La loi du 22 juillet 1987 concernant l'organisation de la Sécurité civile, la protection de la forêt contre l'incendie et la prévention des risques majeurs (cinquante-trois articles sous trois titres) fait naître chez les sapeurs-pompiers l'espoir d'une modification sensible de leurs structures et une meilleure définition de leur rôle et de leurs missions.
Le décret du 6 mai 1988 (cinq chapitres avec sections et cinquante-deux articles) traitant de l'organisation générale des S.D.I.S. et son annexe en deux parties fixant l'effectif et l'équipement des C.S.P. (Centre de secours principal), des C.S. (Centre de secours) et des C.P.I. (Centre de première intervention, remplaçant le corps de première intervention, la nuance n'échappant pas à la sagacité des exégètes de la profession qui attachent une grande importance au maintien de ces C.P.I. animant la vie communale, assurant des délais d'intervention minimes, constituant une réserve de personnels formés et entraînés en cas de grande catastrophe que les seuls professionnels ne pourraient limiter), le nombre d'hommes nécessaires à la bonne utilisation du matériel, l'effectif minimum de garde, l'encadrement des S.D.I.S. et des corps départementaux en fonction du nombre des sapeurs-pompiers apportaient une réponse aux problèmes soulevés par la F.N.S.P.F. dans un livre blanc remontant à 1972.

LE DÉCRET DU 25 SEPTEMBRE 1990

Bien des rencontres et bien des discussions ont précédé sa sortie. Il réunit les quelque 20 000 sapeurs-pompiers professionnels dans les mêmes cadres d'emploi, leur conférant les mêmes droits, un avancement identique, des garanties et des obligations comparables à celles des fonctionnaires territoriaux tout en prenant en compte la spécificité de leur profession et en mettant l'accent sur une formation plus poussée. Mais le gouvernement n'a pas répondu à l'attente pourtant clairement exprimée des sapeurs-pompiers, préférant s'en remettre à ses technocrates. On craint que le statut des volontaires soit présenté, comme celui des professionnels, sans concertation véritable.

50 000 SAPEURS-POMPIERS MANIFESTENT À PARIS

Le 1er décembre 1990, pour la première fois dans l'histoire de la France, et peut-être du monde, près de 50 000 sapeurs-pompiers en tenue, venus de tous les départements, se rassemblent à Paris à l'appel de la F.N.S.P.F. et défilent dans un ordre impressionnant de la place de la République à la place de la Nation ; ils ne sont que les délégués de leurs 170 000 collègues solidaires restés à leur poste pour répondre aux demandes de secours. C'est l'expression d'une profonde déception devant le renvoi à plus tard par les gouvernements successifs de leurs propositions justifiées pour assurer une meilleure sécurité aux Français.

Des tenues aussi différentes que le sont leurs missions...

Il s'ensuit que le décret du 25 septembre est modifié à de nombreuses reprises presque aussitôt après sa publication. Un autre décret (1er janvier 1991) suit la loi du 28 novembre 1990, précisant les conditions de prise en compte de l'indemnité de feu dans le calcul des pensions de retraite, revendication très ancienne car certains personnels voyaient leurs revenus amputés de moitié quand ils quittaient le service actif. Quant à l'arrêté du 1er mars 1991, il stipule les conditions du recrutement des sapeurs-pompiers professionnels, non-officiers ou officiers et les épreuves physiques à subir, les règles d'avancement aux grades de sergent et de lieutenant, prend des dispositions au sujet des capitaines et des officiers supérieurs.

LOI DU 31 DÉCEMBRE 1991 SUR LA PROTECTION SOCIALE DES VOLONTAIRES

Le personnel sous statut militaire ou professionnel est normalement protégé, comme tout employé, bien que des précisions doivent définir exactement le « service commandé », parfois contesté.
Les volontaires se divisent en trois catégories (salariés, fonctionnaires et assimilés, professions libérales) et seuls les incidents survenus en « service commandé » sont pris en compte, à savoir le décès (avantages prévus pour les ayants droit), l'incapacité temporaire ou permanente (qui peut donner droit à un emploi réservé) consécutive à un accident ou à une maladie. Désormais, et dans tous les cas, le volontaire n'avance aucuns frais médicaux, pharmaceutiques ou autres, se contentant de présenter un formulaire délivré par son S.D.I.S., tout en conservant le libre choix des prestataires de service. C'est un progrès important car, jusqu'alors, pour la Sécurité sociale, le volontaire accidenté ou tombé malade du fait de son service était considéré non pas comme un accidenté du travail, mais comme un « malade ».

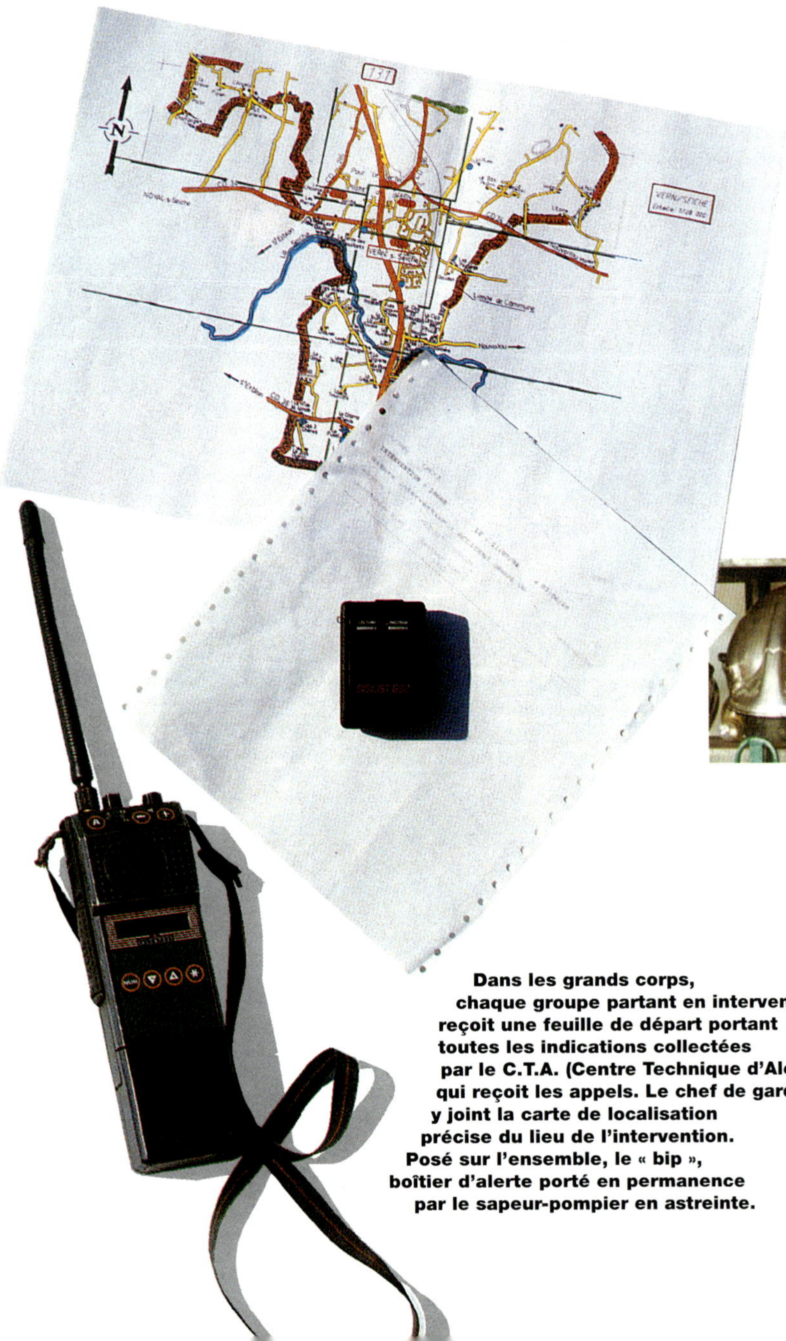

Dans les grands corps, chaque groupe partant en intervention reçoit une feuille de départ portant toutes les indications collectées par le C.T.A. (Centre Technique d'Alerte) qui reçoit les appels. Le chef de garde y joint la carte de localisation précise du lieu de l'intervention. Posé sur l'ensemble, le « bip », boîtier d'alerte porté en permanence par le sapeur-pompier en astreinte.

LES JEUX OLYMPIQUES D'ALBERTVILLE, UN PEU COMME EN MAI 1871 ?

Des sapeurs-pompiers venus de trente-neuf départements ont été engagés dans le dispositif de sécurité des jeux Olympiques en 1992 et indemnisés sur la base de vacations à moins de 40 francs de l'heure, ce qui a cependant coûté 10 320 000 francs. Le 30 avril 1993, après de multiples relances, le directeur de la Sécurité civile convient par lettre qu'aucun S.D.I.S. n'a encore bénéficié du remboursement des frais promis bien que tous aient défrayé les hommes et, pour des raisons d'économies, il ne peut même pas fournir d'indication quant à la faisabilité de ce remboursement. Le 21 mai, le président de la F.N.S.P.F. adresse au ministre d'État, ministre de l'Intérieur et de l'Aménagement du territoire, une lettre solidement argumentée attirant son attention sur la situation conflictuelle qui risque de se développer à nouveau, et sur ses conséquences en ce qui concerne l'assistance mutuelle entre collectivités locales qui évite au gouvernement d'entretenir inutilement des moyens sous-employés et permet d'engager à un coût de fonctionnement réduit des unités bien équipées et expérimentées.

Au-dessus de la polycoise, outil universel porté par les sapeurs-pompiers, la grande tricoise de serrage.

« Prêts à partir... »
Pour « décaler » plus vite, le pantalon est directement enfilé sur les bottes. Dès le signal d'alerte, il ne reste plus qu'à sauter dans les bottes, remonter le pantalon d'un seul geste et boucler la ceinture tout en courant vers l'engin qui attend...

DISPARITION DES SAPEURS-POMPIERS NON PROFESSIONNELS ET DISPONIBILITÉ DES SAPEURS-POMPIERS VOLONTAIRES

Le décret du 6 mai 1988 avait interdit le recrutement de sapeurs-pompiers permanents, à savoir des employés municipaux faisant fonction de sapeur-pompier, à temps complet ou partiel, au lieu et place de l'activité qu'ils auraient dû assurer.

La loi du 31 décembre 1991 réintroduit l'appellation de sapeur-pompier volontaire à la place de sapeur-pompier non professionnel, ce dernier terme ayant comblé un vide sémantique pour englober les véritables volontaires et les permanents et un décret du 2 février 1993 réaffirme l'interdiction de recruter ou d'employer des « permanents » dont le devenir, suivi attentivement par la F.N.S.P.F., est près d'être résolu.

Actuellement, la disponibilité des volontaires demeure la préoccupation majeure. Dans une civilisation où la désertification des campagnes, les exigences économiques, la menace du chômage développent une défense accrue des intérêts individuels, les difficultés du recrutement s'accusent et il devient impératif de prendre les mesures idoines pour protéger le sapeur-pompier qui doit abandonner son travail pour porter secours en échange d'une compensation dérisoire (un arrêté du 22 décembre 1993 fixe le maximum des vacations horaires allouées aux sapeurs-pompiers volontaires comme suit : officiers, 60,59 F ; sous-officiers, 48,70 F ; caporaux, 43,32 F ; sapeurs, 40,29 F. À la même date, l'allocation annuelle de vétérance maximale est fixée à 1 852 F) et consacrer parfois ses congés à compléter sa formation.

Une fois encore, des maladresses avaient été commises quand on retrancha des indemnités versées par les Assedic à des volontaires, devenus chômeurs contre leur gré, le montant de leurs vacations. Les conseils départementaux des sapeurs-pompiers volontaires (décret du 30 décembre 1992) se veulent l'instance privilégiée de rencontre et de dialogue entre les représentants des volontaires et les partenaires socio-économiques pour favoriser les accords entre employeurs et responsables des services d'incendie. Présidés par le préfet, composés de membres de droit (un sous-préfet, le président de l'Union des maires, le D.D.S.I.S., des fonctionnaires) et de membres non permanents (les présidents des Unions patronales, le président de l'Union départementale des sapeurs-pompiers), ils sont rejetés par la F.N.S.P.F. lors du congrès de Nancy (septembre 1993), sa position étant nette et sans équivoque face à ces instances qui ne sont pas encore mises en place dans la très grande majorité des départements et au sein desquelles ni le président de l'Union départementale ni les sapeurs-pompiers ne sont membres de droit. Pour les représentants des 210 000 volontaires, il faut que la disponibilité s'inscrive dans un cadre législatif bien adapté avec soutien aux entreprises privées et membres des professions libérales, il faut valoriser le volontariat pour attirer des cadres, prévoir une retraite complémentaire, promouvoir les sapeurs-pompiers volontaires qui doivent être admis dans les carrefours, rencontres, grandes manifestations au même titre que l'armée, la gendarmerie, la police.

« Gallet SPF2 ». Casque spécialement étudié pour répondre aux contraintes spécifiques des feux de forêt.

Devant l'impuissance des hommes au sol… … les Canadair entrent dans la danse.

CASQUE SPF1

Fabriqué par une entreprise bressane, la CGF Gallet s.a., le casque ou plutôt l'équipement de tête F1 a été spécialement mis au point pour répondre à une demande du Bureau d'études générales de la Brigade des sapeurs-pompiers de Paris (B.S.P.P.). Celle-ci envisage en effet, dès 1978, de remplacer le casque modèle 1950 qui ne semble plus très adapté aux exigences de l'époque.
Le cahier des charges, établi en 1982, impose donc aux constructeurs sollicités de créer un casque qui assure à la fois une protection efficace de la nuque tout en conservant une excellente stabilité en toute situation. Il devra en outre garantir le visage contre les projections horizontales et le flash thermique, être réalisé en matériau non conducteur de l'électricité et présenter une efficace isolation thermique. Son ergonomie devra intégrer le port de systèmes respiratoire, d'éclairage et de communication.
Ainsi naquit le CGF Gallet F1 qui équipa la B.S.P.P. en 1985 avant de gagner peu à peu la plupart des grands corps de sapeurs-pompiers de France.
Ses qualités intrinsèques l'ont fait sélectionner par de très nombreux pays étrangers, ce qui fait dire à ses admirateurs qu'il est en passe de devenir le casque des sapeurs-pompiers du monde.

1 - Calotte en matériau composite « Bayblend » moulée sous pression et revêtu de nickel par galvanoplastie. Moulé en taillle unique elle est garnie intérieurement d'un calottin amortisseur de chocs.

2 - Plaque frontale distinctive.

3 - Écran de protection facial miroité or.

4 - Écran oculaire transparent. (Les 2 écrans sont totalement escamotables dans la calotte.)

5 - Coiffe amovible en résille.

6 - Bandeaux de tour de tête réglables.

7 - Coussins de nuque réglables.

8 - Mentonnière cuir.

9 - Jugulaire à fixation réglable par « Velcro ».

Poids total : 1 250 g.

« Opération terminée,
nous rentrons... »
Posé sur le « cuir », le casque SPF1 a perdu tout son éclat. L'eau, la fumée, la poussière, la cendre ont eu raison de son poli glacé. Les gants aussi témoignent de l'intensité du combat qui vient d'être mené. Pendue à la ceinture réfléchissante, la polycoise, outil universel qui a remplacé la tricoise traditionnelle et qui permet l'ouverture et l'accès à toutes les vannes de tous les systèmes de jonction : bornes d'arrêt de gaz, colonnes d'incendie, R.I.A, serrage des raccords...
Bien que non réglementaire, pour une identification immédiate des gradés en intervention, les vestes portent des bandes réfléchissantes, jaunes pour les sous-officiers et blanches pour les officiers.

DES APPELÉS DU CONTINGENT CHEZ LES SAPEURS-POMPIERS PROFESSIONNELS

Divers textes (loi du 4 janvier 1992 ; décret du 1er décembre 1992 ; arrêté du 26 mars 1993…) font que désormais des appelés du contingent peuvent accomplir leurs obligations militaires dans des corps professionnels. Leur encadrement, leur formation, des examens pour passer caporal auxiliaire, sous-lieutenant auxiliaire, leurs insignes distinctifs (couleur bleu gauloise des pattes d'épaule et de la bande rétroréfléchissante du casque) sont réglementés.
Toutefois, ces mesures sont diversement accueillies, des responsables syndicaux y voyant un moyen pour le gouvernement d'affecter un certain nombre d'appelés dont le ministère de la Défense ne sait que faire tout en comblant le manque de professionnels à bon compte et en réduisant leur recrutement, en leur substituant des « sous-pompiers » qui ne sont performants que quelques semaines avant leur libération.

CRÉATION D'UNE MUTUELLE NATIONALE

Une mutuelle nationale des sapeurs-pompiers est créée le 3 octobre 1992, d'abord essentiellement destinée aux 30 000 sapeurs-pompiers non encore mutualistes dont la couverture sociale ne cesse de se dégrader, ensuite à tous les autres pour compléter leur protection.

LA DÉPARTEMENTALISATION

Une loi du 6 février 1992 sur l'administration territoriale marque une nouvelle évolution historique en décidant de centraliser la gestion des moyens de secours au niveau départemental : c'est la départementalisation des moyens en hommes, en matériel, en subsides qui renforce la nécessaire solidarité intercommunale mais inquiète vivement des sapeurs-pompiers soucieux de leur avenir. Prévue pour le 1er janvier 1993, elle est aussitôt repoussée au 31 décembre.

SAPEURS-POMPIERS FÉMININS

Si du personnel féminin est employé dans les services administratifs des formations militaires, ce n'est que chez les sapeurs-pompiers communaux qu'il participe à toutes les opérations depuis le décret du 25 octobre 1976 qui précise que « *les corps de sapeurs-pompiers communaux peuvent être composés de personnels tant masculins que féminins…* ».
La terminologie française a retenu « sapeur-pompier féminin » alors que le Bureau international du travail préfère, s'appuyant sur une étude étymologique, « sapeuse-pompière ».
L'incorporation de femmes dans un milieu traditionnaliste très viril n'a pas été sans poser des problèmes d'adoption, plutôt que d'adaptation. Il s'avère bien évidemment logique de distinguer les rapports avec son entourage d'un médecin-capitaine ou d'un sapeur-pompier féminin officier, voire chef de corps (cela existe) de ceux d'une jeune femme caporal professionnel ou première classe volontaire, d'autant plus que les critères physiques retenus ont entériné des disparités manifestes dans une corporation où l'effort musculaire est fondamental.
Statutairement, les sapeurs-pompiers féminins assurent les mêmes missions que leurs collègues masculins, et la plupart l'ont exigé quand, au début, des supérieurs tendaient à les écarter de certaines fonctions.

EFFECTIFS

À la fin de 1992, la France métropolitaine et les D.O.M.-T.O.M. comptent environ 8 500 sapeurs-pompiers militaires, 7 000 du génie servant dans la brigade de sapeurs-pompiers de Paris (dont 2 000 appelés du contingent), 1 500 de la marine servant dans le bataillon de marins-pompiers de Marseille, 23 000 sapeurs-pompiers professionnels et 200 000 sapeurs-pompiers volontaires du service public.

LES SYNDICATS

Les grandes centrales syndicales se sont implantées chez les sapeurs-pompiers professionnels, surtout après 1945 et dans les grands corps où l'esprit revendicatif est plus vivace, à moins qu'il ne s'agisse de syndicats catégoriels comme celui des officiers professionnels. Leur action, comme vis-à-vis des autres fonctionnaires, consiste à défendre leurs adhérents en cas de litige avec l'employeur (titularisation, notation, avancement...), à obtenir des avantages sociaux dont la non-satisfaction peut déclencher une grève, le personnel n'assurant que le service d'incendie et de secours, à l'exclusion de l'entretien des locaux, de la tenue des registres... Des sapeurs-pompiers ont défilé en ville, faisant du « sitting », accrochant des banderoles sur les véhicules ou contre la façade des casernes, refusant de participer à la fête nationale au motif que cela n'était pas prévu dans les statuts, investissant la salle de délibération de conseils municipaux. Le gouvernement prenant prétexte d'excès a dû dissoudre des corps.

MISSIONS ACTUELLES ET ÉQUIPES HAUTEMENT SPÉCIALISÉES

Le temps où les sapeurs-pompiers accompagnaient les processions religieuses ou escortaient le conseil municipal allant inaugurer la foire est bien révolu.
La lutte contre l'incendie fait toujours partie des interventions classiques qui ont donné ses lettres de noblesse à la corporation mais elle constitue moins de 10 % des sorties, alors que la prévention occupe pendant des heures un personnel spécialement formé qui suit certaines constructions depuis l'avant-projet jusqu'à leur réception, visitant le chantier, s'entretenant avec l'architecte.
Le secours aux asphyxiés, assuré pendant longtemps par le fourgon mixte ou le fourgon-pompe armé d'un appareil pour la respiration artificielle et d'un coffret à carbogène, a fait place aux secours aux accidentés des collisions routières (avec dégagement et nettoyage d'urgence des voies de circulation), des déraillements de trains, des chutes d'aéronefs, des chavirements de bateaux, aux alpinistes, aux baigneurs, aux spéléologues... sans compter les interventions auprès des victimes de détresse respiratoire ou cardiaque, sans oublier le sauvetage des personnes en danger, même non blessées, en montagne, en mer, sur un chantier de travaux publics, dans une grotte.
Le sauvetage des animaux en difficulté ou la neutralisation de bêtes dangereuses, dont la destruction des nids d'insectes menaçants, génèrent de nombreuses sorties.
Combattre, cerner et juguler les désordres d'un environnement industriel riche en produits de plus en plus agressifs a pris de l'importance (trois cent soixante établissements Seveso, 140 Mt de matières dangereuses stockées et 20 000 Mt/km transportées) et conduit au Groupe des risques naturels et technologiques, constitué de véhicules spéciaux répartis sur le territoire en fonction des risques (réduire l'expansion d'une nappe de produit toxique, colmater la brèche d'un wagon ou d'un camion-citerne libérant un liquide ou un gaz nocifs, apprécier le danger d'explosion d'une atmosphère contaminée, détecter des matières radioactives).

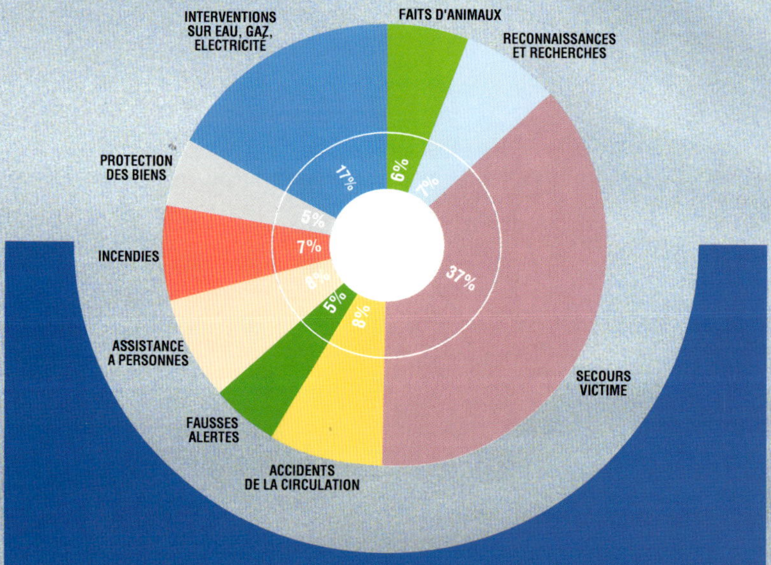

RÉPARTITION DES INTERVENTIONS

Les interventions sur le territoire national ou à l'étranger visant à lutter contre les forces naturelles que sont les tremblements de terre, les éruptions volcaniques, les tornades, les inondations, ont appelé une formidable évolution.
Toutes ces missions ont nécessité, outre la mise au point d'engins déjà décrits, la constitution de groupes spécialement préparés :

• Les plongeurs-scaphandriers sont parmi les plus anciens, agissant sur et sous l'eau, en mer, rivière, plans d'eau, égouts… de jour et de nuit, intervenant près de cinquante mille fois par an, sauvant plus de 1 000 vies. La prévention, la surveillance des baignades et des compétitions sportives sont aussi leur domaine.

• Les équipes cynophiles avec chiens de recherche furent mises au point en Grande-Bretagne, durant la dernière guerre. En France, on commence à voir des chiens dressés vers 1954 mais il faut attendre la création du Centre de formation et d'entraînement, en 1979, et le brevet national de maître chien de recherche et de sauvetage en décombres pour qu'elles acquièrent droit de cité. L'animal sait retrouver les victimes ensevelies, signaler leur présence, malgré le bruit environnant (grues, marteaux-piqueurs), se faufiler partout, sauter des obstacles, être hélitreuillé seul ou avec son maître.

• Les secours en montagne se basent sur des équipes formées à l'échelle départementale pour le personnel local et à l'échelle nationale pour les cadres visant le diplôme de chef de caravane de secours. Elles sont opérationnelles tant en été qu'en hiver, sans oublier leur rôle dans la prévention et la lutte contre l'incendie dans un milieu très particulier avec ses chalets combustibles très isolés.

Tenue d'intervention en milieu périlleux. Le sapeur ainsi équipé appartient à une formation spécialisée le G.R.I.M.P. ou Groupe de Recherches et d'Intervention en Milieu Périlleux. Matériel utilisé et méthodes d'intervention sont directement hérités des techniques de l'alpinisme et de la spéléologie.

Plongeur en tenue sèche. Cette tenue totalement étanche permet l'intervention en eaux polluées et dans des conditions climatiques rigoureuses.

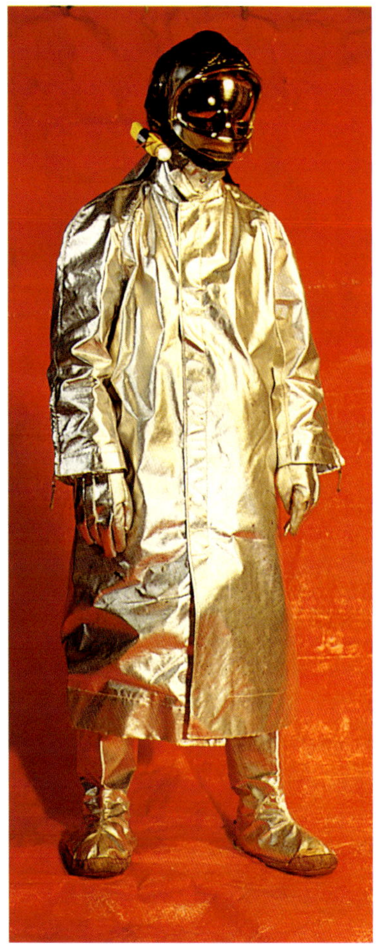

**Tenue d'approche de feux d'hydrocarbures.
La tenue est en amiante ignifugée à l'extérieur et à l'intérieur.
Le casque Gallet SPF1 est ici utilisé avec sa protection faciale or abaissée et munie de sa lampe latérale.**

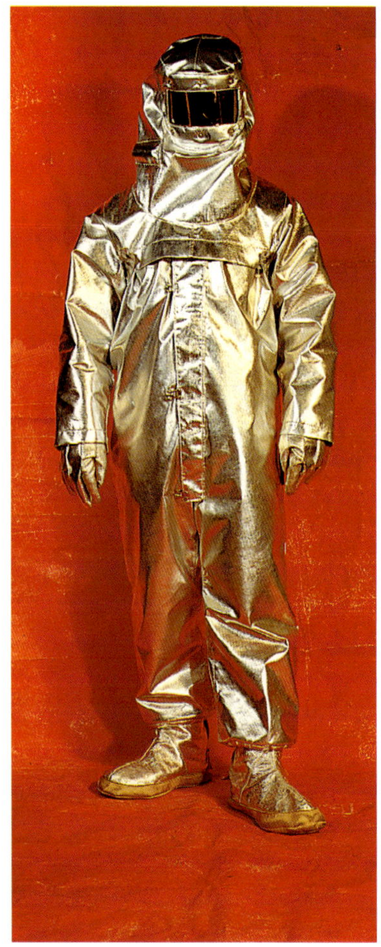

**Tenue de pénétration de feux d'hydrocarbures.
La tenue est complétée d'une cagoule permettant de supporter des températures très élevées pendant de nombreuses minutes.**

Notons que ces équipes peuvent se voir appelées en milieu urbain, hors des massifs montagneux (calanques, gorges) pour effectuer des sauvetages avec la « technique montagne ».
• La France disposant de centrales nucléaires et n'étant pas à l'abri d'un danger venu de l'extérieur (nuage, chute d'avion, transport routier), les sapeurs-pompiers étant toujours les premiers sur les lieux, ils ont constitué des équipes : équipes de détection protégées par des combinaisons et munies d'appareils simples ; cellules mobiles d'intervention

Tenue de feu.
Le sapeur-pompier porte ici la nouvelle veste. De coupe trois-quarts, elle possède une protection thermique intérieure supplémentaire. Une bande réfléchissante blanche supérieure est une signalisation de sécurité non réglementaire ; la bande réfléchissante inférieure est l'indication du grade : orange pour les sapeurs et caporaux, jaune pour les sous-officiers et blanche pour les officiers. Accompagnant la lampe et la hachette réglementaires, le sac en plastique contenant la « commande » (corde de 25 mètres).

Tenue d'intervention pour risque chimique.
Cette tenue est portée dans le cas d'intervention de la C.M.I.C. ou Cellule Mobile d'Intervention Chimique intégrée à certains corps. La tenue totalement étanche est apte à résister aux attaques les plus corrosives qu'elles soient d'acide ou de gaz. Le sapeur-pompier porte un explosimètre multivoies qui permet la détection et la mesure immédiate de plus d'une trentaine de gaz couramment utilisés dans l'industrie chimique.

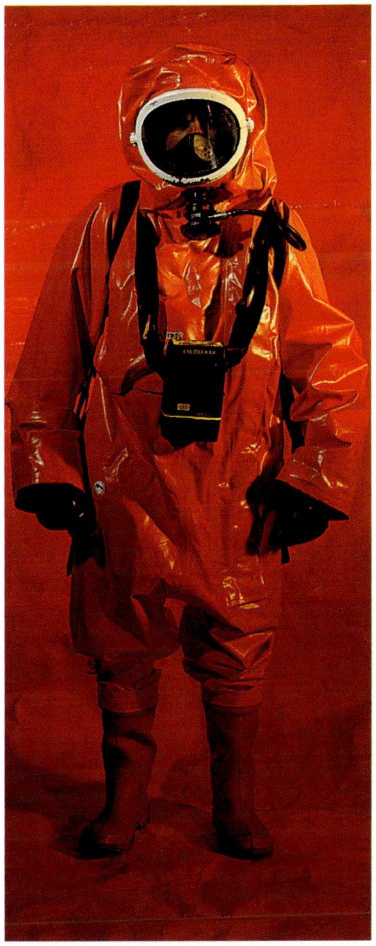

Tenue d'intervention pour risque radiologique.
Elle est portée dans le cadre d'actions effectuées par la C.M.I.R. ou Cellule Mobile d'Intervention Radiologique. Fabriquée en vinyle spécial, la tenue sera détruite en cas de contamination par des substances radioactives.
Le sapeur-pompier spécialisé porte à la main le débimètre qui mesure le rayonnement ambiant.

Tenue de feu avec A.R.I.
L'A.R.I. ou Appareil Respiratoire Isolant est composé d'un masque respiratoire étanche directement « adaptable » sur les fixations du casque et d'un ensemble bouteille-détendeur.

avec matériel sophistiqué de mesure, pouvant être sur place en une heure au plus, en attendant les spécialistes du C.E.A.
• Le service santé et de secours médical des sapeurs-pompiers que la multiplication des interventions nécessitant des soins justifie parallèlement au service de santé sapeurs-pompiers. Il était essentiellement constitué, à l'origine, de médecins volontaires (environ 6 000), incorporés avec le grade de capitaine qui, comme les sapeurs-pompiers alertés pour feu, abandonnent la clientèle

Pour les interventions nocturnes, les sapeurs-pompiers sont équipés de chasubles fluorescentes. Celles-ci peuvent revêtir au dos le titre ou la fonction de celui qui les revêt : directeur des secours, médecin...

Chaque V.S.A.B. est équipé d'une valise de premier secours ainsi que d'un aspirateur de mucosités portatif permettant de dégager les voies respiratoires.

de leur cabinet pour répondre à un appel. À côté de ce service d'urgence, ils assurent les soins aux sapeurs-pompiers pendant les interventions, l'enseignement du secourisme, le suivi médical du personnel, les contrôles lors des épreuves sportives. Depuis, quelques grands corps ont recruté des médecins à plein temps.
Des pharmaciens (autour de 500) sont admis à leur tour pour gérer le stock des médicaments, conseiller lors de catastrophes dégageant des produits toxiques.
Des vétérinaires suivent en 1983 (environ 80) pour assister les équipes cynophiles en pleine expansion, surveiller l'hygiène générale et alimentaire (interventions en pays lointains suite à une catastrophe), capturer ou neutraliser des animaux menaçants (taureau furieux, fauve évadé...) ou en danger (cheval tombé dans une excavation...).
Des infirmiers et infirmières sapeurs-pompiers revendiquent à leur tour la reconnaissance de leur spécialité et réclament leur intégration dans la chaîne médicalisée des secours.
Les masseurs-kinésithérapeutes font valoir l'intérêt de leur technique dans une profession où les entorses, les lumbagos et autres lésions consécutives à de mauvaises positions ou à des mouvements intempestifs sont fréquents.
Des psychologues demandent à être pris en considération pour soutenir les personnes impliquées dans un accident qui, n'étant pas blessées, donc ignorées du personnel soignant, ont néanmoins besoin d'être assistées pour affronter le stress qui les perturbe ; de même, certains sapeurs-pompiers peuvent être traumatisés durablement par la vision de scènes parfois insoutenables, et ils proposent de les réconforter. L'indépendance sur le plan professionnel reconnue aux médecins et autres techniciens de la santé se conjugue bien avec leur subordination au chef de corps pour la discipline générale, étant astreints aux mêmes règles statutaires, faisant nombre avec l'effectif. Par contre, certains chefs de services hospitaliers (S.A.M.U.) et des ambulanciers privés persistent dans leur hostilité aux interventions des sapeurs-pompiers avec lesquels des frictions demeurent nombreuses, les lois du 6 janvier 1986 (aide médicale d'urgence) et du 22 juillet 1987 n'ayant pas apporté l'apaisement souhaitable.

• Les informaticiens sont entrés dans les casernes pour organiser le travail classique de gestion des corps, gérer les alertes, mettre au point une assistance permanente du commandement.

Transporter sans heurt les victimes, souvent polyfracturées, d'un accident impose l'utilisation d'un matelas-coquille qui, en se gonflant, épouse littéralement la forme du blessé.

CADETS DE SAPEURS-POMPIERS

En 1882, existaient à Meaux des « pupilles des sapeurs-pompiers » recrutés parmi les élèves des écoles et les apprentis, à Charleville, où le chef de corps leur confiait de menues fonctions au cours des incendies.
Un premier rassemblement national à Dole en 1963 (500 participants) suivi de la première assemblée générale des responsables des sections de cadets (18 octobre 1974 à Beaune - 83 sections, 2 044 inscrits) précèdent leur reconnaissance officielle par un décret du 23 avril 1981.
Ils sont soumis à une réglementation rigoureuse conduisant à la délivrance d'attestations et constituent, outre une école de civisme et de formation intellectuelle et sportive, une pépinière de futurs sapeurs-pompiers.

LE PARC AUTOMOBILE

À l'orée des années quatre-vingt-dix, il n'a plus rien de commun avec celui de l'avant-guerre.

LES VÉHICULES LÉGERS ET DE SERVITUDE

Mentionnons, pour mémoire, les voitures légères de liaison destinées aux déplacements du personnel, modèles de série peu modifiés, sinon par l'installation de postes de radio ou par la pose d'un gyrophare (souvent amovible), peintes de plus en plus en gris, en gris-bleu, de moins en moins en rouge ou en noir.
Entrent dans cette catégorie, car eux aussi de série, peu ou pas modifiés, les véhicules de servitude (anciens camions de corvées), allant de la camionnette au camion de déménagement (dans certains grands corps où les mutations du personnel sont fréquentes) en passant par le minibus ou l'autocar (transport des équipes sportives, de stagiaires, du personnel de garde dans les salles de spectacle...).

VÉHICULES DE LUTTE CONTRE LE FEU

Signalons qu'ils sont constitués d'un châssis d'une certaine marque animé par un moteur de la même marque ou de marque différente, presque toujours équipés (carrosserie avec cabine pour le personnel, coffres...) par une entreprise spécialisée, possédant une pompe fabriquée éventuellement par une autre firme. On rencontrera, par exemple, un F.P.T. sur châssis Unic-Iveco 165-24 équipé par Maheu-Labrosse, pompe Sides 50.120.15S. Le lecteur prend conscience de la difficulté puisque plusieurs fournisseurs peuvent, chacun dans son domaine, concourir à les réaliser. Si l'on ajoute que beaucoup de corps achètent des véhicules d'occasion qu'ils aménagent eux-mêmes, cette diversité extraordinaire, qui tend à s'effacer sous la pression de la normalisation, explique l'intérêt porté par les amateurs de véhicules utilitaires aux voitures de pompiers. Rappelons que pendant la Seconde Guerre mondiale, la carrosserie au-dessus du niveau du capot était noire Après 1975, de timides essais ont été tentés avec le jaune canari, le vert pâle, les peintures réfléchissantes. C'est en 1971 que les gyrophares visibles sur 360°, jaunes, puis bleus, devinrent obligatoires. Enfin, de plus en plus, une peinture moins austère, agrémentée de bandes latérales et de chevrons, s'observe :

• Voitures à feu de cheminée ; une camionnette (parfois une motocyclette avec ou sans side-car, des bicyclettes en période de pénurie) avec deux ou trois hommes emportait un équipement spécifique (brûleur de sulfure de carbone — d'emploi interdit ensuite), seau-pompe et matériel nécessaire à établir une petite lance sur bouche.

• Les engins de première intervention, ex-premiers-secours, légers, maniables, rapides, économiques, partent pour faire face à toute situation courante en attendant les renforts. Ils se caractérisent par leur tonne d'eau (réservoir) passée de 400 litres à leurs débuts à 1 500, permettant d'attaquer le feu dès l'arrivée sur les lieux à l'aide d'une petite lance raccordée à un tuyau enroulé sur un dévidoir tournant fixe, pendant que l'on procède à l'établissement des lignes de tuyaux ; notons que certains responsables s'opposèrent résolument à ce type d'engin, faisant valoir que l'on avait tendance à vider la tonne, espérant qu'elle serait suffisante, remettant au dernier moment l'établissement pénible des tuyaux, le feu reprenant alors vigueur. Leur pompe a un débit modéré (1 000 l/min) et leur équipage varia de quatre (vers 1920) à six hommes.
Ils ont fait place aux fourgons-pompes tonne légers.

Lance multijets à débit variable.

Véhicule de liaison (V.L.)
Renault Espace -
C.S.P. Nancy.

Échelle pivotante automatique de 30 m (E.P.A.) sur châssis Renault - C.S.P. Rennes-district.

Véhicule de secours routier moyen (V.S.R.)
Châssis Renault S 100 - C.I.P. Villeurbanne, Lyon.

Véhicule de secours aux asphyxiés et blessés (V.S.A.B.) Renault - C.S.P. Rennes-district.

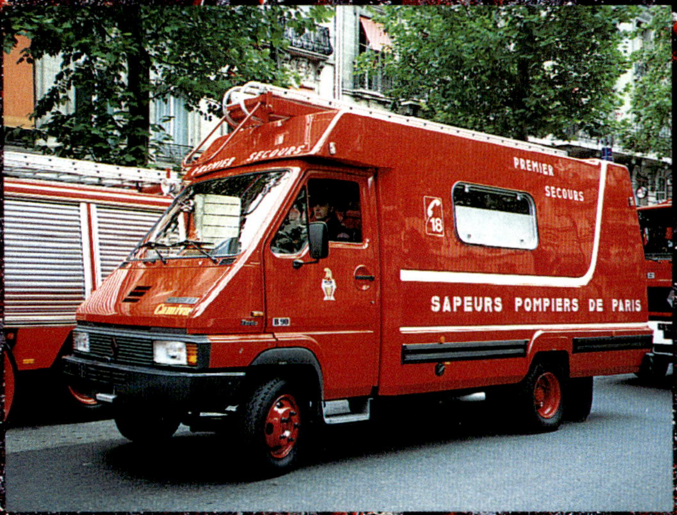

Premier-secours évacuation (P.S.E.)
Renault B 90 - B.S.P.P.

Poste de commandement (P.C.) Citroën C 35.
Département d'Eure-et-Loir.

Camion-citerne de feux de forêts lourd (C.C.F.L.)
Renault 110X150
C.S. La Ferté-Vidame.

Fourgon-pompe tonne
(F.P.T.) sur châssis Renault
G 230 - S.D.I. 76.

Fourgon mousse grande puissance (F.Mo.G.P.) de Sides
sur un châssis Renault G 231 - Pompe de 4 000 l/min.
Il produit 15 m^3/min de mousse - C.I.P. La Duchère (Lyon).

Camion-bras élévateur articulé
C.B.E.A. Simon Camiva sur
châssis Renault - S.D.I. 78.

Camion-citerne de grande capacité
(C.C.G.C.) Renault P530
C.S.P. Châteaudun.

Camion-grue (C.G.) PPM - Il lève 23 tonnes à 3 m.
Châssis à 3 essieux
C.S.P. La-Roche-sur-Yon.

• Les fourgons-pompes, dont le nom peut dériver des chariots d'approvisionnement militaires, appelés fourgons, mais aussi tenir au fait que les premières autopompes ont fait place à des véhicules à carrosserie fermée (en 1923), fourgonnée, selon les carrossiers, sont des engins puissants, avec une pompe de 2 000 l/min et du matériel diversifié pour l'extinction (dévidoirs, tuyaux...), la production de mousse, l'exploration (appareils respiratoires isolants), le sauvetage (échelles), l'éclairage, le déblai. Ce sont les successeurs des autopompes des années 1920-1940 qui, avec leurs cuivres rutilants, leurs banquettes latérales de bois vernis, leur énorme corne à deux tons fixée sur le montant du pare-brise, leurs échelles fixées à des supports, ne manquaient ni d'allure ni de panache. Les Delahaye-Farcot de l'époque héroïque (1905-1910) emmenaient quatorze hommes et trois dévidoirs. L'équipage est tombé à sept ou huit vers 1980.

• Les fourgons-pompes tonne sont des fourgons-pompes ayant une tonne de 2 500 à 3 000 litres, c'est-à-dire pouvant faire office de premier-secours, ce pourquoi ils furent appelés fourgons mixtes (à la fois premier-secours et fourgon-pompe). Depuis quelques années, ces engins ont une cabine, souvent d'origine, ou agrandie, et un volume indépendant derrière elle.

Fourgon d'appui (F.A.) sur Renault G 210 - B.S.P.P.

Lance-mousse.

• Les ensembles de grande puissance apparus après 1920 se composaient d'une autopompe avec pompe de 2 000 l/min et d'un dévidoir automobile (des tuyaux de gros diamètre, pliés en écheveau, étaient déposés à terre par le camion roulant au ralenti) équipé d'une lance orientable à gros débit ; ils firent place, vers 1950-1955, à l'autopompe grande puissance dévidoir (qui emportait une lance sur trépied ou tractait une lance remorquable, puis à l'autopompe de grande puissance, voire au fourgon-pompe tonne grande puissance. Notons la réalisation en 1956 d'une turbopompe avec pompe débitant 7 500 l/min entraînée par une turbine à gaz.

• Le dévidoir automobile, souvent tout terrain, n'est qu'un véhicule transportant des tuyaux pliés en écheveau, déjà raccordés, déposés directement au sol ; il tracte souvent une lance remorquable ou une motopompe.

Véhicule de liaison tout terrain (V.L.T.T.) Land Rover - C.S.P. Rennes-district.

Véhicule de plongée (V.P.L.) C.S.P. Rennes-district.

Le matériel participe aussi à la fatigue des hommes...

• Les camions-citernes feu de forêt (environ 5 500 en service) se classent en trois catégories : légers, moyens, lourds (6 000 litres d'eau) — et même superlourds (trois essieux, 13 000 litres d'eau) — ayant remplacé les autochenilles des années vingt, les camions des surplus américains aménagés plus ou moins sommairement après 1945, les camions-citernes incendie. Ce sont des engins-pompes tout terrain puissants, très stables, toutes roues motrices avec pneus basse pression, à cabine renforcée ou protégée par des barres de sécurité.
• Les camions-citernes grande capacité, parfois semi-remorques, avec ou sans pompe puissante, peuvent emporter jusqu'à 25 000 litres et se montrent utiles, bien que peu maniables, quand les points d'eau sont très éloignés.
• Les fourgons-poudre interviennent sur des feux de matériaux que l'eau ne peut éteindre ou qui pourrait même être dangereuse d'emploi. Ils sont mobilisés chez les sapeurs-pompiers communaux pour les feux d'hydrocarbures, de produits chimiques, de certains métaux. Ce sont des réservoirs de poudre (jusqu'à 4,5 tonnes) dont elle est chassée par un gaz sous pression, dioxyde de carbone ou azote.
• Les fourgons-mousse et fourgons-mousse grande puissance sont proches parents des fourgons-poudre mais ils emportent de l'émulseur (jusqu'à 1 500 litres) produisant et projettant de la mousse, ou plutôt « des » mousses, car il en existe divers types : légère, à grande expansion, à bas, moyen, haut foisonnement, stable à la chaleur. Ils combattent les feux d'hydrocarbures (stations d'essence, camions-citernes, raffineries...).
• Les fourgons-poudre et mousse, les fourgons tri-extincteurs sont des intermédiaires ou des compléments.
Les trois engins cités ci-avant sont caractérisés par une ou deux lances-canons orientables fixées au-dessus ou derrière la cabine, lances mixtes (eau et mousse) ou spécifiques (poudre, mousse).

Fourgon-mousse (F.M.) Berliet - C.S.P. Rennes-district.

18

F.P.T.

Avec l'E.P.A. (Échelle Pivotante Automatique) et le V.S.A.B. (Véhicule de Secours aux Asphyxiés et Blessés), le F.P.T. ou Fourgon-Pompe Tonne est le véhicule de base de tout corps de sapeurs-pompiers. Comme son nom l'indique, il est équipé d'une pompe et emporte une réserve d'eau suffisante pour « traiter » un début d'incendie.
Les volets roulants ouverts nous dévoilent l'intérieur de ce F.P.T. Camiva de 13 tonnes qui équipe le corps des sapeurs-pompiers de Rennes. Dans les coffres de gauche, sur l'étagère supérieure, une tenue d'approche et une lance-mousse et son injecteur, en dessous tout un éventail de pièces de jonction et d'accessoires hydrauliques. Dans les coffres de droite, tuyau de 70 mm, flotteur et bâches surmontent un ensemble de lances à débit variable et de couronnes de tuyaux de refoulement de 45 et 70 mm et d'alimentation de 110 mm.
Dans le petit coffre au niveau de la roue arrière, les bidons d'émulsifiant destinés, par simple mélange à l'eau de la tonne, à produire de la mousse.
À l'arrière, les 2 dévidoirs emportent chacun 200 mètres de tuyau de 70 mm avec division de 70/45 mm.
La pompe centrifuge possède 5 sorties allant de 45 à 110 mm.
Le véhicule est aussi équipé d'une petite lance de premier-secours de 27 mm, la « pissette ». Sur son toit, le F.P.T. emporte un ensemble d'échelles à coulisse et à crochets.
Le F.P.T. peut servir de premiers-secours et même de départ pour feu de cheminée.

LES ENGINS DE SAUVETAGE

• Les échelles pivotantes, munies ou non d'une nacelle, celle-ci pouvant porter trois ou quatre hommes, recevoir un brancard, sont de nos jours coordonnées par un microprocesseur avec écran en couleur qui intègre de nombreuses informations, stabilisant le plateau, calculant la charge admissible en fonction de l'angle de dressage, en un mot, assure l'efficacité maximale en toute sécurité. Leur hauteur la plus courante est 30 mètres, mais il y a des modèles de 37 mètres, voire de 45 mètres (Bordeaux, Paris, Lille).
On propose des modèles surbaissés qui atténuent un inconvénient majeur de ces engins, leur grande hauteur en ordre de marche, donc ne pouvant pas passer sous tous les porches ou tous les ponts. Ajoutons que le parc non développé peut servir éventuellement de grue et que les plus récents travaillent aussi bien au-dessus du niveau du plateau qu'au-dessous.

• L'échelle sur porteur était une échelle aérienne manœuvrée à bras et transportée par un véhicule automobile (le porteur) d'où elle était facilement et rapidement déposée.
Son empattement réduit lui permettait de passer sous un porche pour pénétrer dans une cour inaccessible à un véhicule.
Notons ici que bon nombre des autopompes des années 1920-1930 étaient des autopompes porte-échelle.

• L'échelle remorquable, pour ainsi dire disparue, était une échelle à trois plans de 18 mètres de hauteur utile, montée sur un châssis à un essieu à roues à pneumatiques, tractée par une camionnette de servitude emmenant l'équipe de manœuvre et de petit matériel ; ce fut une amélioration de l'échelle sur porteur.

• Les bras élévateurs articulés ont leurs fervents et leurs détracteurs ; sans doute est-il plus juste de dire qu'ils sont complémentaires des échelles, permettant des manœuvres impossibles à celles-ci, par exemple balayer une façade ou surplomber un obstacle.
Selon certains, l'échelle est plus rassurante pour opérer les sauvetages car elle constitue un pont continu vers le sol une fois mise en place, alors que la nacelle du B.E.A. abandonnant temporairement les personnes restant en danger serait très stressante. Leur hauteur utile la plus courante est de 30 mètres, mais on emploie des modèles atteignant 46 mètres.

LES VÉHICULES POSTES DE COMMANDEMENT

Ce sont de grosses camionnettes, de petits autocars, d'énormes camions dont l'intérieur est aménagé en bureaux, avec tableaux muraux, placards pleins de documentation, installations radiotéléphoniques et téléscripteurs hautement performants qui servent de lien entre la centrale fixe et le directeur des secours en mesure de gérer toutes les composantes d'une intervention importante.

Le poste de commandement mobile, là où tout se décide...

LES ENGINS DE SECOURS SPÉCIALISÉS

• Le camion-grue sert à dégager la chaussée en relevant un tram ou un camion renversé, à extraire un gros animal d'une cavité. Paris employait un Laffly en 1932, Lyon un Berliet en 1938... Après 1945, de nombreux Ward La France furent achetés, modifiés et mis en service par les sapeurs-pompiers. Actuellement, de puissantes grues sont affectées dans les grands corps.

• Le fourgon électro-ventilateur, autour des années 1955-1960, avait deux dévidoirs de fils électriques (et non pas de tuyaux). Sa génératrice actionnée par le moteur de traction alimentait des projecteurs sur trépied et un phare à arc, un puissant ventilateur sur roues et des manches raccordables pour aspirer ou refouler la fumée.

• Le fourgon compresseur servait soit à recharger les bouteilles d'air des appareils respiratoires sur les lieux d'une grosse intervention, soit à actionner des marteaux piqueurs pour faire des trouées par lesquelles on introduisait des lances, fracturer des matériaux pour dégager des victimes.

• Le fourgon de protection apportait les outils et le matériel nécessaires à protéger ce qui pouvait l'être du dégât des eaux : bâches pour couvrir machines et meubles, fauberts, éponges, sacs de sable et de sciure pour absorber les écoulements...

• Le camion d'étaiement, chargé d'étais, de scies, d'outillage de charpentier, servi par un équipage de professionnels, étayait des bâtiments menaçant de s'écrouler sur la voie publique, consolidait un mur de soutènement risquant de s'effondrer...

Camiva
Camiva
8544 WT 35

Elle est portée par un châssis spécial **surbaissé** de camion-grue Renault **développant** une puissance **de 260 ch.** L'échelle à quatre plans **pouvant** se développer à 30 mètres **de haut** en moins d'une minute **est munie** d'une nacelle articulée **capable** d'emporter trois personnes. **La nacelle** peut servir **soit à l'évacuation** de personnes, **soit à l'attaque** du feu au moyen **de la lance** que nous voyons **arrimée** sur le côté du véhicule. **Le parc** d'échelles d'un corps **peut être** complété d'E.P.S.A. **(Échelle P**ivotante Semi-Automatique), **de B.E.A.** (Bras Élévateur Articulé), **voire d'E.S.P.** (Échelle Sur Porteur).

V.S.A.B.

ou Véhicule de Secours aux Asphyxiés et Blessés est certainement l'engin le plus sollicité d'un corps de sapeurs-pompiers. Il représente en effet près de la moitié des sorties effectuées. Le V.S.A.B. peut transporter, en plus de son équipage de trois hommes, un blessé grave ou deux blessés légers. À gauche, le brancard principal et l'assistance respiratoire, à droite, rabattu conte la paroi, le deuxième brancard pour blessé léger. En dessous, la planche de bois ajourée est le plateau qui permet d'extraire les victimes accidentées sans à-coups et dans un plan rectiligne. Au fond du véhicule, l'ensemble de tiroirs de couleur contient tout le nécessaire pour une première intervention : colliers cervicaux, attelles, bandes, désinfectants, compresses...

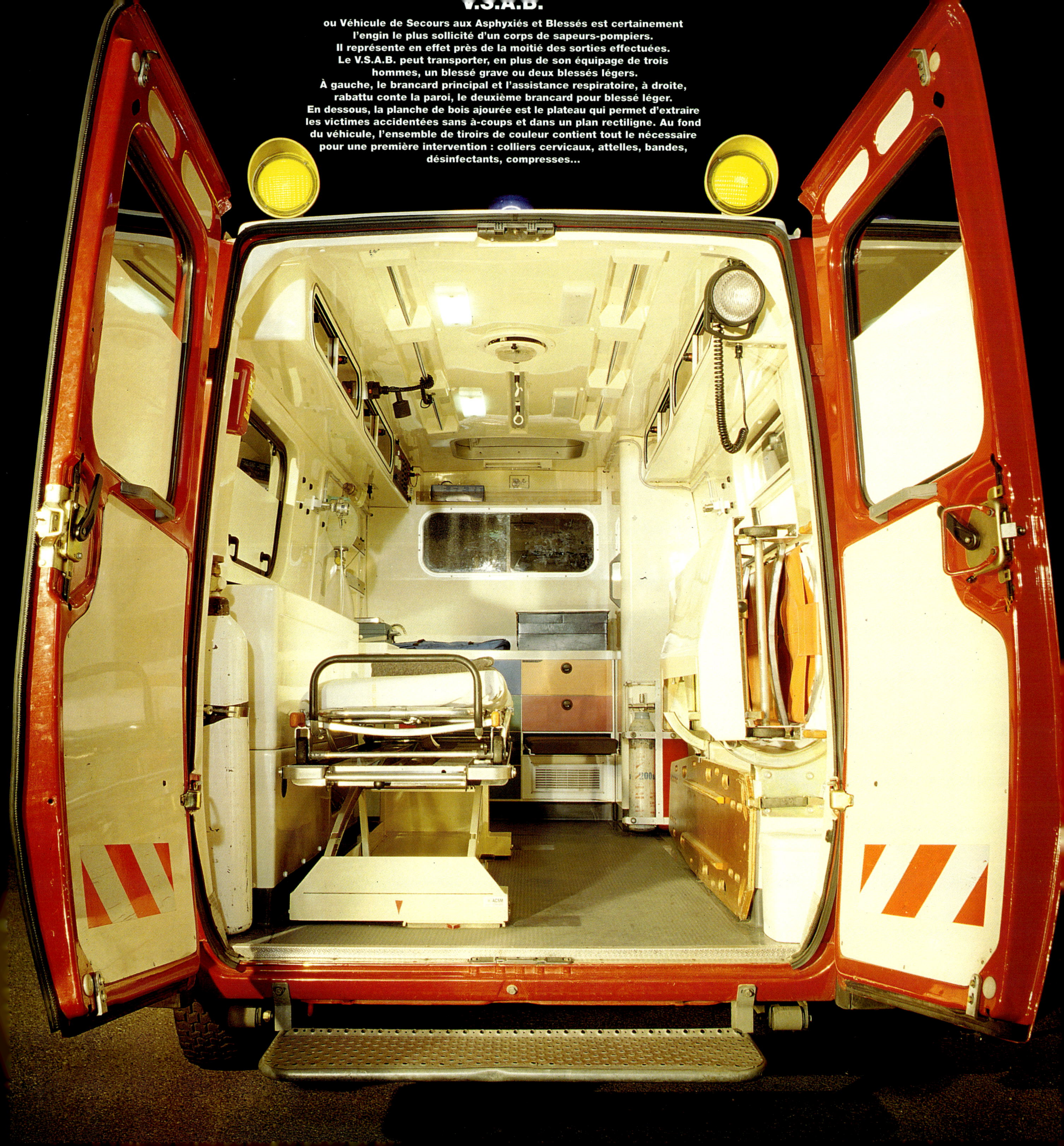

LES ENGINS DE CONCEPTION MODERNE

• Les porteurs de benne interchangeable (berce, cellule) sont de plus en plus répandus pour des raisons d'économies ; en effet, avec un ou deux tracteurs, c'est-à-dire un ou deux moteurs à acquérir, à entretenir..., et plusieurs berces, c'est comme si l'on disposait d'autant de véhicules, surtout que les moyens spécialisés sortent heureusement rarement et pas tous en même temps. Un jeu de berces approvisionnées de la manière la plus diversifiée (réserve d'émulseur, matériel de dépollution, matériel de secours) permet de faire face à toutes les situations.
On remplace même les berces par des palettes posées et déposées par un simple élévateur, ce qui réduit les coûts.
• La cellule antipollution, ou fourgon antipollution, emmène des barrages, des pompes spécifiques, des citernes de récupération, des produits absorbants, des tenues antigaz.
• La cellule mobile d'intervention chimique peut analyser rapidement des produits inconnus ; elle emporte des tenues spéciales, un anémomètre, des appareils de mesure d'explositivité.
• La cellule mobile d'intervention radiologique pour détecter et doser la radioactivité tout en protégeant le personnel.
• Les caissons d'entraînement aux atmosphères toxiques, de plus en plus répandus, en général des camions avec un compartiment de grand volume dans lequel des sapeurs-pompiers s'exercent, sous contrôle, à opérer dans la fumée, dans l'obscurité, la chaleur en portant l'appareil respiratoire.

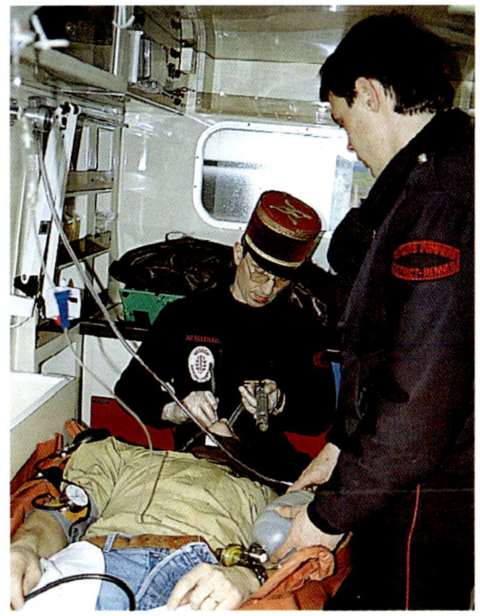

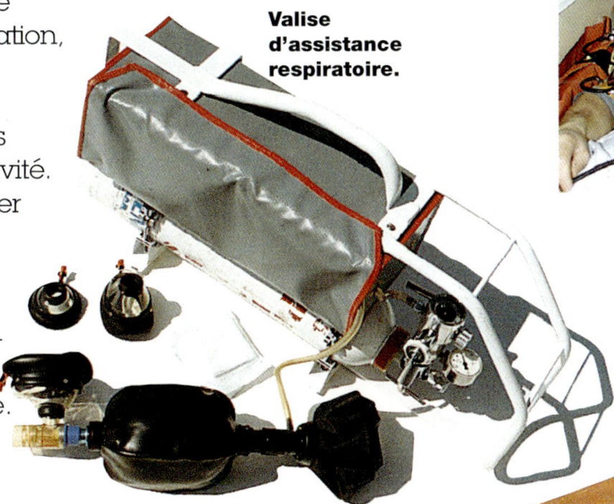

Valise d'assistance respiratoire.

LES VÉHICULES POUR SECOURS AUX PERSONNES

• Les véhicules de secours aux asphyxiés et blessés prennent une place prépondérante, étant sans doute les plus nombreux ; ces véhicules furent d'abord équipés pour secourir les asphyxiés, nombreux, entre 1940 et 1965-1970 (gaz d'éclairage, émanations d'oxyde de carbone), les pendus, les noyés, emportant des appareils de respiration artificielle (Cot, Panis, Hederer, Éve) et un coffret pour inhalations de carbogène. Petit à petit,ces appareils utilisables par de simples secouristes furent complétés par une trousse médicale, une pharmacie... le véhicule devenant une ambulance de réanimation servie par un médecin disposant d'un petit scialytique, de défibrillateurs, d'un électrocardiogramme, de matériel d'intubation, de perfusion...

Plan dur, appelé aussi « planche Olivier ». Il permet d'extraire une victime en la maintenant de façon rigide.

• Le véhicule médicalisé est celui du médecin de sapeurs-pompiers volontaire qui l'équipe un peu selon ses désirs mais sait y trouver ce dont il aura besoin pour faire face aux urgences.
• Le poste médical avancé permet de monter des tentes gonflables, sur piquets, attenantes à des véhicules... de dimensions diverses, sous lesquelles sont répartis dans plusieurs compartiments lits du centre de tri, stock de médicaments, salle d'opération...
• Le véhicule de secours routier, ou fourgon de secours routier, est équipé d'une grue assez puissante pour lever et déplacer une voiture, d'un matériel de désincarcération avec compresseur et générateur électrique, d'une tonne, de poudre, d'un générateur à mousse pour éteindre une automobile en feu, d'un mât d'éclairage télescopique, de divers outils...
• La camionnette de secours aquatique est assez spacieuse pour que les scaphandriers s'équipent à l'intérieur pendant qu'elle roule. Elle remorque

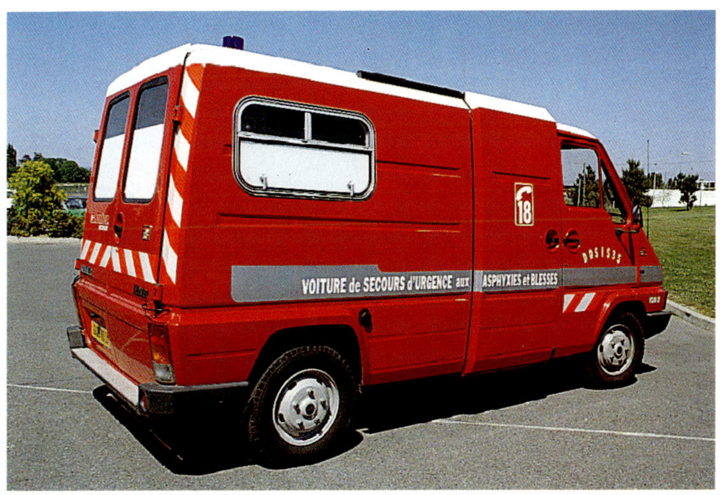

V.S.R.

Servi par un équipage de trois hommes, le V.S.R. ou Véhicule de Secours Routier a connu un développement important ces dernières années. Ce véhicule très spécifique emporte en effet tout le matériel indispensable en cas d'accident de la circulation grave. Il effectue à la fois le balisage et l'éclairage des lieux et est équipé mousse pour « traiter » les incendies résultant de l'accident. Doté de moyens pneumatiques et hydrauliques autonomes et importants, il peut assurer la désincarcération des victimes emprisonnées dans les tôles et le levage en douceur. Son groupe haute-pression embarqué permet le nettoyage de la chaussée des produits et matières dangereux.

V.S.R. côté droit.

1 - Gyro-mât de signalisation. pouvant s'élever à 3 mètres de haut, il porte un gyrophare très puissant de 2 000 W et une couronne éclairante de même puissance.

2 - Projecteurs 2 X 500 W montés sur mât téléscopique de 6 mètres.

3 - À l'arrière du véhicule, le groupe haute-pression et le groupe d'extinction composé d'une sphère de poudre propulsée sous pression par une cartouche de CO_2.

4 - Produit absorbant.

5 - Sciure.

6 - Sable.

7 - Tableau électrique.

8 - Caisse à outils.

9 - Trousse de secours.

10 - Cisaille à tôle hydraulique.

11 - Écarteur hydraulique.

12 - Chaînes et manilles.

13 - Groupe électro-hydraulique.

14 - Vérin mécanique et cônes de signalisation.

V.S.R. côté gauche.

15 - Cordages et tuyaux.

16 - Balais et matériel de nettoyage.

17 - Bouteilles d'air comprimé pour les coussins de levage.

18 - Coussins de levage en caoutchouc armé : gonflés, ils peuvent lever en douceur des charges allant de 10 à 40 tonnes.

19 - Tuyauterie et boîtier de commande.

20 - Groupe portatif de secours à pression hydraulique.

21 - Groupe portatif de secours électrogène.

22 - Étais métalliques.

23 - Projecteur « Métralux » sur trépied.

24 - Dévidoir haute-pression

25 - Commandes.

26 - Groupe haute-pression 80 bars.

27 - Cric « SNCF », vérin mécanique de 10 tonnes.

28 - Vérins manuels hydrauliques.

29 - À l'intérieur du véhicule, une tonne d'eau de 500 litres.

Un départ type « secours routier ». De gauche à droite, le V.S.R., le V.S.A.B. et le V.R.M., véhicule radio médicalisé qui transporte le médecin sapeur-pompier.

Le *Commandant Filleau*, bateau-pompe de Bordeaux.

Le *Lieutenant-Gillet*, bateau-pompe fluvial basé à Conflans-Sainte-Honorine (78).

Lampe « Métralux » 1 000 Watts de puissance et un système de lentilles complexe pour ce projecteur manuel à grande portée.

(ou transporte sur son toit) un canot, type Zodiac, ou bateau à moteur à poussée hydraulique réduisant le tirant d'eau au minimum (0,20 mètre).

LES BATEAUX-POMPES

Ils sont en dotation au bataillon de marins-pompiers de Marseille qui possède le plus puissant d'Europe. Les sapeurs-pompiers de Paris sont équipés de bateaux-pompes stationnés dans Paris (port de la Monnaie) ou en banlieue (port de Gennevilliers).
Les sapeurs-pompiers civils de Bordeaux, du Havre… et même de Conflans-Sainte-Honorine (port de péniches) disposent de ces engins. Selon leur tonnage, leur équipement, ils servent aux patrouilles, aux opérations d'assistance et de sauvetage, à alimenter des lignes de tuyaux pour feu à terre, à attaquer directement un bâtiment en feu (entrepôt en bordure de quai) ou un navire incendié, à quai ou à proximité des côtes.

Unité de levage pneumatique. L'unité se compose de coussins de caoutchouc armé, d'un boîtier de commande et d'une bouteille d'air comprimé. Glissés sous la charge – véhicule renversé, bloc de béton, poutre métallique… – et gonflés, ces coussins spéciaux permettent de lever jusqu'à 60 tonnes en douceur.

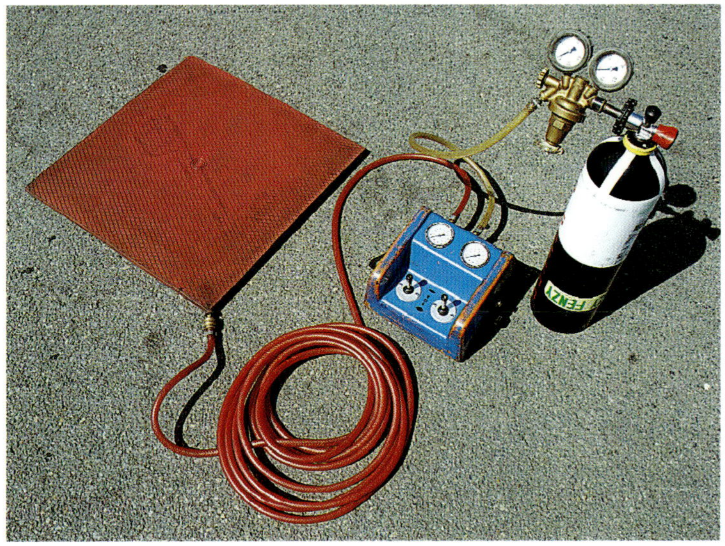

LE PETIT MATÉRIEL

À côté du parc automobile, on assiste à la multiplication d'agrès adaptés à certaines interventions, et nous nous contenterons de citer :

• Le matériel de désincarcération constitué de cisailles, de pinces, de scies… capables de couper, tordre, déchiqueter les carrosseries automobiles, ferroviaires, d'aéronefs pour désincarcérer les personnes emprisonnées dans les tôles tordues.

• Le matériel antipollution comprenant des barrages rapidement mis en place sur un cours d'eau, une portion de lac, des produits absorbants et adsorbants, des pompes et des réservoirs spéciaux pour récupérer et emmagasiner les produits toxiques ou indésirables.

• Le matériel d'intervention chimique avec combinaisons de protection pour le personnel, des appareils d'analyse et de dosage rapides.

• Le matériel d'aide respiratoire, essentiellement les appareils portés par les sapeurs-pompiers pour pénétrer dans une atmosphère irrespirable, mais aussi des capuches pour faciliter la traversée de cette même atmosphère par les personnes à mettre en sécurité.

• Le matériel d'intervention pour effondrements, tremblements de terre… composé d'appareils permettant de reconnaître le bruit infime d'une respiration, de torches exothermiques (le chalumeau est à proscrire s'il y a danger d'explosion ou des personnes risquant d'être brûlées par la chaleur qu'il rayonne) se composant d'une simple bouteille d'oxygène, d'un manomètre détendeur, d'un porte-baguette doté d'un pare-étincelles, d'un levier de commande, d'une baguette, d'un système d'allumage ; à la sortie de la tige, la température, de 6 000 °C, peut découper une dalle de béton de 12 à 15 centimètres d'épaisseur en quelques minutes et sans diffuser de chaleur. Le coussin gonflable en caoutchouc renforcé se glisse sous un « objet » à lever (camion, rame de métro, tramway…) puis il est gonflé sous une pression suffisante pour le soulever. On pourrait ajouter quantité d'appareils, comme la caméra à infrarouge permettant de détecter un foyer d'incendie masqué par une épaisse fumée (garage souterrain) ou le corps d'une victime.

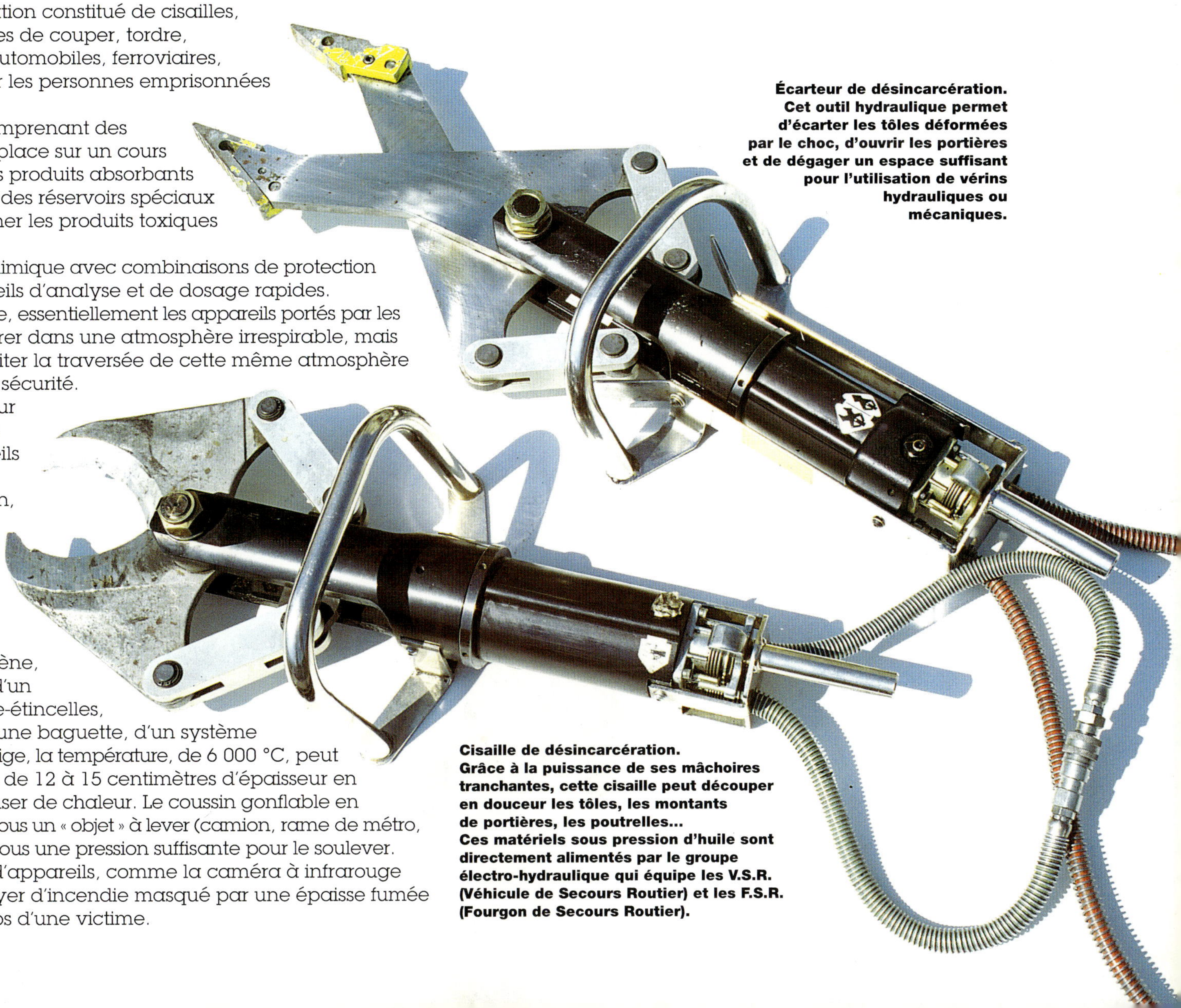

Écarteur de désincarcération. Cet outil hydraulique permet d'écarter les tôles déformées par le choc, d'ouvrir les portières et de dégager un espace suffisant pour l'utilisation de vérins hydrauliques ou mécaniques.

Cisaille de désincarcération. Grâce à la puissance de ses mâchoires tranchantes, cette cisaille peut découper en douceur les tôles, les montants de portières, les poutrelles… Ces matériels sous pression d'huile sont directement alimentés par le groupe électro-hydraulique qui équipe les V.S.R. (Véhicule de Secours Routier) et les F.S.R. (Fourgon de Secours Routier).

00H29

“... Le toit du Parlement est en train de brûler, au niveau de la pendule solaire. Il ya une odeur de bois brûlé qui se dégage... ”

Le feu a couvé de longues heures avant de se déclarer...

Samedi 5 février 1994, Rennes s'endort encore sous le coup des événements du vendredi.
La manifestation des marins-pêcheurs a laissé des traces visibles dans les rues de la cité et les sapeurs-pompiers du corps de Rennes particulièrement sollicités se reposent de la centaine d'interventions qui les ont menés des barricades en feu au brancardage des blessés.
0 h 29 - Un premier appel survient au C.T.A. (Centre Technique d'Alerte) suivi très rapidement d'une dizaine d'autres... « Le Parlement est en feu ...»

Le « Parlement » c'est le Palais du Parlement de Bretagne, un haut lieu de l'Histoire bretonne qui dresse sa silhouette majestueuse au cœur même de l'antique cité rennaise. Son architecture s'articule autour d'une cour intérieure entourée sur ses quatre côtés de bâtiments de pierre de taille et de granite. L'ensemble est surmonté d'une charpente de bois à l'organisation très complexe couvert par plus de 3 500 m² d'ardoise.
C'est précisement là que le feu a pris.
Un premier départ composé de deux F.P.T. (Fourgon-Pompe Tonne) et d'une E.P.A. (Échelle Pivotante Automatique) et précédé du véhicule du chef de garde quitte la caserne Saint-Georges, distante de quelques centaines de mètres.
Devant l'ampleur de l'incendie qui se propage très rapidement sous un fort vent d'ouest, le chef de garde demande aussitôt l'envoi de renforts importants. La longue « nuit du Parlement » ne fait que commencer...

00H35

Heure H + 6 minutes

“Feu de combles généralisé sur façade avant du bâtiment. Je demande renfort incendie et tous les moyens aériens, et officier de permanence... ”

... et d'embraser toute la façade avec une rapidité inouïe.

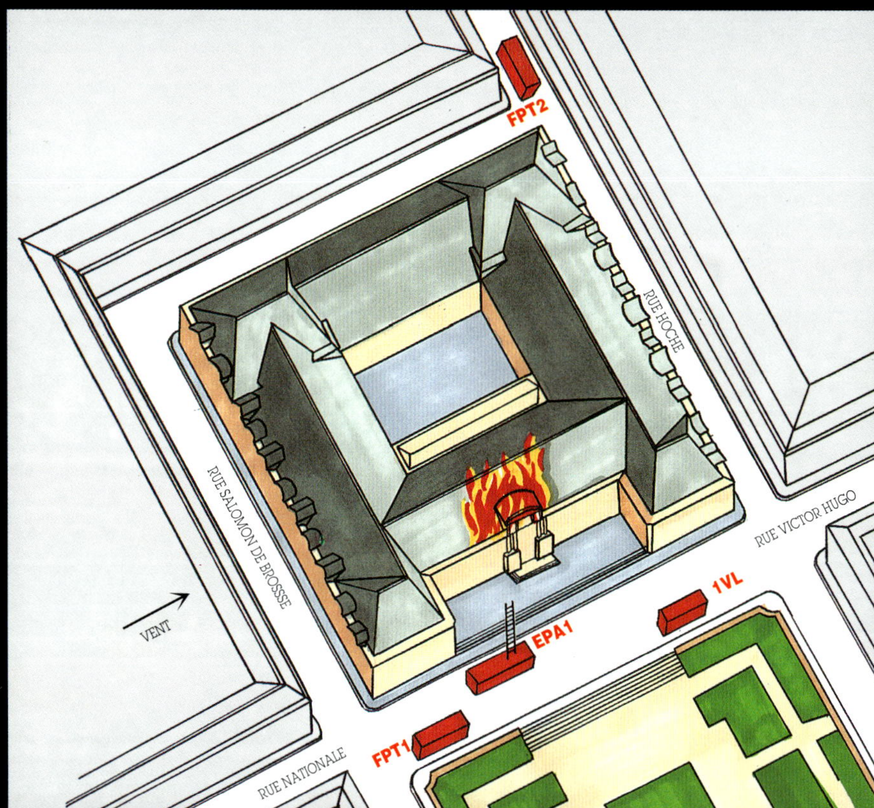

MOYENS ENGAGÉS
2 F.P.T.
1 E.P.A.
1 V.L. Chef de garde
Commandement assuré par l'officier de garde C.S.P. Rennes district.

Malgré le courage et l'énergie des hommes...

... et l'ampleur des moyens, le feu gagne encore.

De son P.C. mobile, le lieutenant-colonel Rival coordonne les secours.

Heure H + 36 minutes

« Façade avant du bâtiment totalement en flammes. Fort vent d'ouest. Évacuation des immeubles avoisinants en cours... »

Alimentées par un fort vent d'ouest, les flammes continuent leur progression...

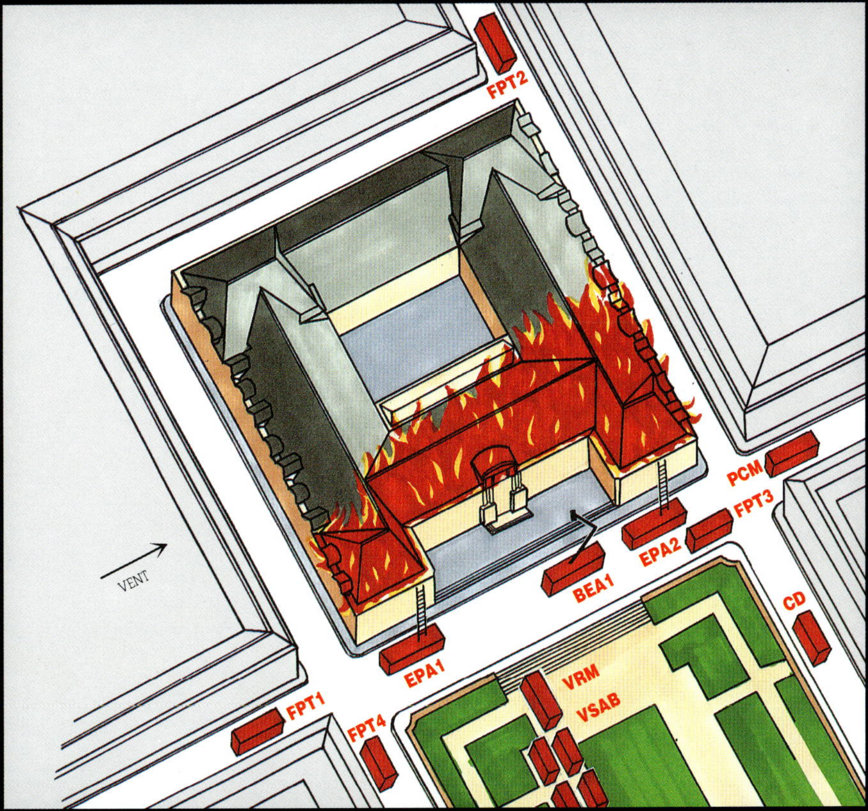

MOYENS ENGAGÉS
80 sapeurs-pompiers
4 F.P.T.
2 E.P.A.
1 B.E.A.
1 C.D.
1 P.C.M.
4 V.S.A.B.
Commandement délégué à « Merlin Rennes-district ».

... avec une rapidité que les sapeurs-pompiers

Au milieu d'une foule consternée, officiels

... les anges dorés qui couronnent l'édifice commencer

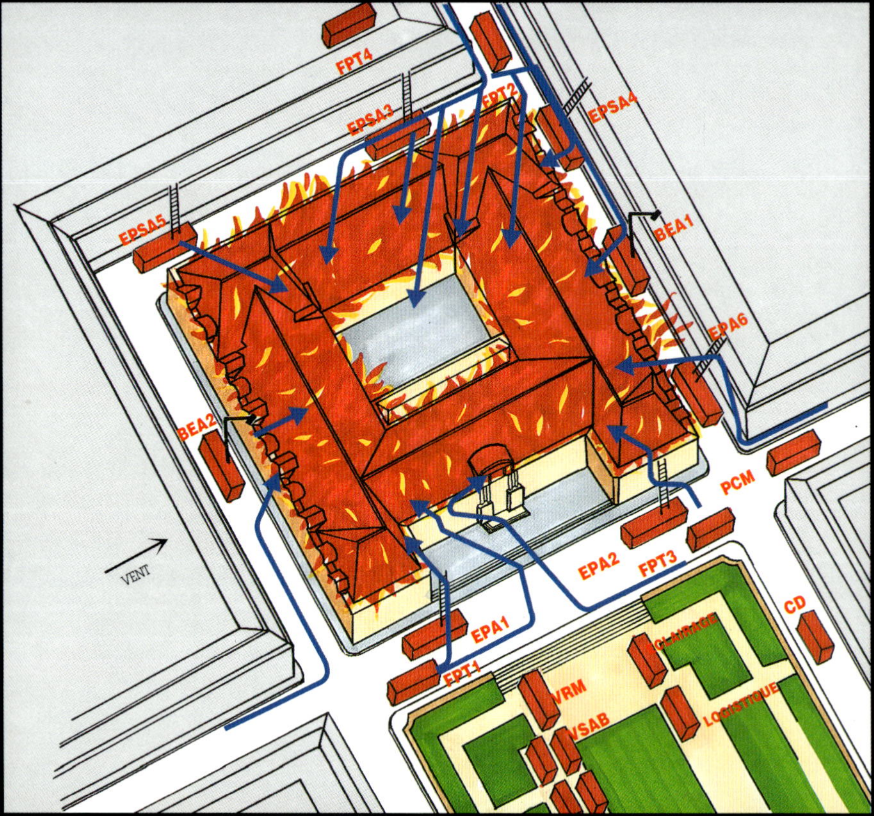

MOYENS ENGAGÉS
150 sapeurs-pompiers
15 G.L. et 6 P.L.
13 F.P.T.
6 E.P.A. et E.P.S.A.
2 B.E.A.
3 C.D. + M.P.R.
1 P.R.
1 P.C.M.
1 cellule logistique
1 cellule éclairage
1 V.R.M.
4 V.S.A.B.
Commandement délégué à « Lancelot 35 »

03H58

Heure H+ 208 minutes

“ Maître du feu... ”

14H05

“ Opération terminée. ”

... d'autres équipes s'emploient à dégager soigneusement les œuvres d'art.

Pendant que du haut du B.E.A. les hommes de surveillance achèvent d'arroser les ruines fumantes...

Alors que le calme revient peu à peu sur l'esplanade...

... on continue de rassembler les dossiers judiciaires épargnés par les flammes.

Pour les sapeurs-pompiers de Rennes, la « nuit du Parlement » est terminée.

LISTE DES ABRÉVIATIONS

B.E.A. Bras élévateur articulé.
C.D. Camion dévidoir
E.P.A. Échelle pivotante automatique
E.P.S.A. Échelle pivotante semi-automatique
F.P.T. Fourgon-pompe tonne
G.L. Grosse lance
M.P.R. Moto-pompe remorquable
P.C.M. Poste de commandement mobile
P.L. Petite lance
V.L. Véhicule de liaison
V.R.M. Véhicule radio médicalisé
V.S.A.B. Véhicule de secours aux asphyxiés et aux blessés

Pour une même mission, tout un éventail de formes, de couleurs, de matières et même de conception pour ces casques, symboles de la présence des sapeurs-pompiers partout dans le monde.

Brésil.
Casque en fibre de couleur noire. Actuellement en cours de remplacement par le casque français « Gallet SPF1 ».

Turquie.
Quel bond en arrière que ce modèle, encore récemment porté par les sapeurs-pompiers d'Istanbul ! En tôle légère, il ne comporte pas de jugulaire et seulement un couvre-nuque de toile cirée.

Ex-Allemagne de l'Est.
Un aspect très futuriste pour ce casque en fibre de l'ex-RDA mais dont la particularité la plus inattendue est quand même de fondre au contact d'un feu un peu violent !...

États-Unis.
Casque actuel du « Fire Department of New York ». Fabriqué en cuir épais, il est très lourd, très ouvragé et sa forme n'a pas changé depuis près d'un siècle... À l'origine, les pompiers américains fabriquaient eux-mêmes leurs casques en cuir formé et riveté à la main.

ET SI TOUS LES POM

Pologne.
De forme identique à celle du casque américain, il est entièrement en plastique et muni d'un couvre-nuque en toile argentée.

Israël.
Modèle israélien de la province de Natanya. Il est moulé en fibre et comporte une imposante visière transparente.

Singapour.
Certainement unique dans son genre puisqu'en aluminium estampé, il est décoré de poissons et de motifs floraux.

Luxembourg.
Remarquable par ses bandes réfléchissantes et sa lourde visière protège-visage.

Chine populaire.
Une sobriété exemplaire pour ce modèle de Chine populaire en fibre plastique teintée dans la masse avec visière plastique et vaste cagoule en toile.

Autriche.
La bande rouge signale un officier. Le haut du casque est fluorescent.

Espagne.
Casque actuel des sapeurs-pompiers de la Catalogne.

PIERS DU MONDE...

Danemark.
Casque d'officier du corps de Copenhague en métal lourd avec couvre-nuque.

Japon.
Modèle des sapeurs-pompiers de Tokyo. À noter la mini-visière transparente.

Grande-Bretagne.
Casque de la « Grampian Fire Brigade » en fibre moulée.

CONCLUSION

Au terme de cette présentation de l'évolution des sapeurs-pompiers français du service public, qui a seulement permis d'entrevoir quelques aspects de la complexité de leur organisation et de découvrir le nombre sans cesse croissant de leurs missions, il faut être conscient de tout ce qui n'a pas été exposé.
Le lecteur n'a pas manqué de constater des tiraillements permanents entre les partisans d'un corps national plus ou moins ouvertement militarisé et des formations civiles sous la responsabilité directe des municipalités investies, de par la loi, de faire cesser les calamités, donc d'en avoir les moyens financiers et matériels.
Les discussions se poursuivant pour l'élaboration d'une organisation territoriale des secours qui devrait poser les bases des sapeurs-pompiers des années 2000 n'échappent pas à ces deux modes de pensée. Seul l'avenir dira comment on parviendra à les concilier, tout en sachant s'adapter à l'évolution technique ressortant des moyens de transport et de communication de plus en plus rapides, des transmissions de plus en plus perfectionnées, de l'intrusion de l'informatique...
Peut-on envisager la privatisation s'opposant à la militarisation ? Déjà, quelques rares exemples existent à l'étranger (Danemark, Afrique du Sud...) et des études argumentées ont été publiées, envisageant sérieusement une telle possibilité réservée, selon elles, dans un premier temps, à la seule action préventive.
Quelles que soient les insatisfactions, les inquiétudes persistantes, le bilan est globalement positif puisque les sapeurs-pompiers, devenus des fonctionnaires territoriaux spécialisés, recrutés selon des critères physiques et intellectuels qualifiants, formés en permanence dans des centres officiels bénéficiant du concours d'un corps professoral de haut niveau, donnent toute satisfaction à la population unanime à louer leur courage et leur dévouement, nous l'avons évoqué dans l'avant-propos.
À court et moyen terme, avec l'urbanisation inévitable de la population, l'égalité des citoyens devant le service public se posera très certainement car les zones rurales s'isoleront encore plus ; mais cette urbanisation excessive suppose les migrations massives et régulières vers les lieux de loisirs (neige, bord de mer...) transformant de petites agglomérations tranquilles en cités surpeuplées : les sapeurs-pompiers ne devront-ils pas eux aussi s'adapter à ce phénomène, ce qu'ils font déjà en matière de lutte contre les feux de forêt ?
Mais n'oublions pas que la finalité des sapeurs-pompiers est de ne pas servir.
Est-ce possible ?
On peut toujours rêver d'un monde futur dirigé par un pouvoir à la fois hypercentralisé et omniprésent dont le service central de protection dépendrait d'un ordinateur où aboutiraient les millions de milliards d'informations d'appareils de détection et de contrôle qui enregistreraient et analyseraient intelligemment toute lueur suspecte, toute élévation de température, toute modification chimique. Aussitôt l'ordre serait automatiquement donné pour que cesse à l'aide des moyens appropriés ce désordre inadmissible et menaçant. S'agirait-il d'un début d'incendie dans les immenses forêts et savanes qui couvrent alors notre planète dont la population est concentrée sur moins de 0,000005 % de sa surface que les programmes des satellites de veille seraient stimulés et des fusées porteuses de produits extincteurs hyperperformants immédiatement dirigées sur le foyer étouffé dans l'oeuf.
Un rêve ?
Celui qui aurait dit à Pascal ou à Newton que trois cents ans plus tard on aurait marché sur la Lune, discerné les quarks, dressé la carte du génome humain, greffé des cœurs serait à coup sûr passé pour un rêveur, sinon pour un fou.
Qu'en sera-t-il dans trois cents, dans cinq cents, dans deux mille ans ? Les chimistes n'auront-ils pas tout simplement annihilé la combustion accidentelle et indésirable ?

Ne refermez pas tout de suite cet ouvrage. Conservez le silence pendant une minute pour penser à tous les sapeurs-pompiers qui sont morts victimes de leur dévouement, parfois après avoir sauvé la vie à plusieurs personnes, parfois après que leur père fut lui-même mort au feu, parfois après de longues années de souffrance.

Joan Deville

« Sauver ou périr », « Courage et dévouement ». Ces devises, les sapeurs-pompiers les mettent chaque jour en pratique. Entre les casques broyés lors de l'éboulement de la colline de Fourvière à Lyon qui vit, le 13 novembre 1930, disparaître en quelques secondes dix-huit sapeurs et leur officier, et les casques calcinés de la catastrophe de Feyzin, trente-six ans plus tard, un tragique résumé de l'éthique de vie des sapeurs-pompiers. Hier, les accidents naturels, aujourd'hui, les risques chimiques, la radioactivité... mais toujours la même vocation et le même « feu sacré » qui les anime... quelquefois jusqu'au « sacrifice suprême ».

Les Éditions Ouest-France tiennent à exprimer leurs plus vifs remerciements à toutes les personnes qui par leur aide, leur compétence et leur accueil ont permis la réalisation de ce livre et tout particulièrement :

Le colonel Bernard Janvier
Président de la F.N.S.P.F., chef de corps de la Communauté urbaine de Lyon.

Le capitaine Christian Schmitt, secrétaire général de la F.N.S.P.F.
et directeur du mensuel « Le Sapeur-Pompier »
Mlle Isabelle de Pampelonne
rédactrice en chef du mensuel « Le Sapeur-Pompier ».

Le colonel Jean-Pierre Verdevoye, directeur du DDSIS 35,
Le lieutenant-colonel Yves Daniel, chef de corps de Rennes-district,
Le lieutenant-colonel Hervé Rival, adjoint au directeur départemental,
Le chef de bataillon Jean-Yves Mazé,
Le capitaine Roland Rousseau,
Le capitaine Jean-Yves Bouthémy
Le sergent-chef Jacques Gouery, responsable communication des sapeurs-pompiers de Rennes-district
et l'ensemble des personnels des C.S.P. de Saint-Georges, Beauregard et le Blosne pour leur efficacité, leur disponibilité et leur gentillesse dans la réalisation des photographies concernant le matériel et les sapeurs-pompiers d'aujourd'hui.

Le lieutenant-colonel Armand Raboteau, chef du corps des sapeurs-pompiers de l'agglomération nantaise.
Le caporal-chef Yves-Joël Herbert, conservateur du musée des sapeurs-pompiers de l'agglomération nantaise.

Le chef de bataillon Georges Sigrist,
Le lieutenant André Cervos,
conservateur du musée des sapeurs-pompiers de la Communauté urbaine de Lyon,
L'adjudant-chef Claude Jullian
Le caporal-chef Dominique Texier
et l'association des Amis du musée des sapeurs-pompiers de la Communauté urbaine de Lyon.

Le chef de bataillon René Geyller, du corps de Mulhouse, président des Amis du musée du sapeur-pompier de Mulhouse.

M. Jean-Yves Veillard,
conservateur du musée de Bretagne.

Le sous-lieutenant Bouin, M. Couasnon et France 3 Ouest pour leurs photos de l'incendie du Parlement de Bretagne.

La Société CGF Gallet S.A.

M. Jacques Perier

... sans oublier les anonymes, la secrétaire de direction, le sapeur qui a sorti un véhicule de sa remise...

Toute notre gratitude aux photographes qui ont mis tout leur talent au service de cet ouvrage et tout particulièrement :
Philippe Bertin,
Jean-Jacques Durand,
Philippe Lassare de l'association « La Rosalie » ;
Yves Veron, Raphaël Auvray,
Didier Lecoq :
les responsables et reporters photographes du quotidien « Ouest-France » :
Philippe Chérel,
Guy Daniel, Patrick Cellier,
Jean-Paul Jaslet, David Ademas,
Jean-Marc Niester, Hervé Boulé,
Hélène Cayeux et Thierry Mezerette.

merci

Les références des illustrations indiquent soit des photographies et documents originaux qui nous ont été confiés soit le lieu où les photographies ont été réalisées.
Musée des sapeurs-pompiers de la Communauté urbaine de Lyon- P.17 - 20 - 21 A - 22 B - 25 D - 26 - 27 - 28 AB,C,D, - 30 - 31 B,C - 32 - 33 C - 37 A - 38 A,B - 44 - 45 B - 46 C,D - 47 - 50 A,C - 51 D - 52 A,B,C,D - 54 - 55 C - 57 - 59 A,C - 62 A - 64 - 65 - 66 - 67- 68 A,C,E - 70 - 71 - 72 B,C - 73 - 74 - 75 A,B,C - 76 B,C - 77 B - 78 A,B - 80 - 81 - 82 - 83 A - 84 - 85 - 88 B - 89 - 90 A,D - 91 A,C,D - 94 A - 95 D,E,F - 96 C,D,E,F.- 104 E -106 A - 114 A - 136/137 - 139. **Musée du sapeur-pompier de Mulhouse** - P.6 - 13 - 21 C - 23 - 24 - 28 E - 29 A - 31 A,D,E,F - 36 - 39 A - 42 A,B - 43 - 46 B - 52 E - 59 B,D,E - 60 - 62 B - 63 - 68 D - 76 A,D - 83 B,C - 86 - 87 - 88 A - 90 F - 91 B - 96 A. **Archives du corps des sapeurs-pompiers de l'agglomération nantaise** - P.33 A,B - 34 - 35 - 37 B - 38 C - 39 B - 40 - 41 - 48 - 49 - 50 B - 51 E - 90 E - 94 B - 97 B,C,D,E - 114 B. **Collections particulières** - P.11 - 12 - 14 - 16 - 18 A - 21 B - 22 A,C - 25 A,B,C - 29 B,C - 33 D,E - 38 D - 42 C - 45 A,C - 46 A - 51 A,B,C - 53 - 55 A,B,D,E - 56 - 58 - 61 - 68 B - 69 - 75 E - 77 A - 78 C - 83 D - 88 C,D - 90 B,C - 92/93 - 95 A,B,C - 97 A - 140. **Archives de la F.N.S.P.F.** - P.72 A - 75 D - 96 B. **Sapeurs-pompiers de Rennes-district** - P.100 - P.101 B - 102 B,C - 103 - 104 B,C,D - 106 B - 107 B,C - 108 - 109 - 110/111 - 112 B,C - 113 A,D - 114 C,E - 115 B,C,D - 118 B,C,D - 119 A, C - 12O - 121 A - 122 A - 123 - 124/125 - 126/127 - 128 - 129 A,B - 130 C,D,E - 131. **Musée de Bretagne** - P.18/19. **Archives Ouest-France** - P.107 A - 112 A - 112 D Jean-Marc Niester- 113 B - 113 C - 122 B - 129 C. **Collectif Ouest-France et sapeurs-pompiers de Rennes district** - P.107 - 112/113 - 122 - 132/133 - 134/135. **Yves Veron** - P.98/99 - 101 A - 102 A - 104 A - 107 D - 108/109 - 114 D - 115 A - 119 B - 121 B - 138. **Didier Lecoq** - Couverture - P.105. **Raphaël Auvray** pour ses photos de bois brûlé et de braise servant de fonds graphiques à l'ensemble de l'ouvrage. **Michel Ogier**- P.19 B - 122 B, C. **Jean-Jacques Durand** - P.116/117. **Philippe Lassarre** - P.116/117. **Philippe Bertin** - P.130 A,B.**Studio Bernateau** - P.15 B.
Toutes les photos détourées et sur fond rouge ont été réalisées par **Bertin & Courault.**

MM. Deville, Bertin et Courault remercient de leur confiance et de leur compréhension les Éditions Ouest-France et tout particulièrement Laurence, Claire, Bertrand, Jean-Marc, Jacques et Thierry.

BIBLIOGRAPHIE

Environ quatre cents livres, monographies, brochures… ont été publiés en langue française, traitant de l'histoire ou de l'organisation des sapeurs-pompiers, soit en général, soit à l'échelle d'une ville ou d'une région,
sans compter un très grand nombre d'articles de périodiques et nonobstant les ouvrages à caractère purement technique, comme les règlements de manœuvre des engins, des concours de pompes, les manuels.
Les archives nationales, départementales et communales conservent de leur côté une masse de documents.
Les livres concernant le sujet étant généralement à tirage limité et vite épuisés en librairie, le lecteur désirant diversifier ou compléter ses informations pourra se procurer les titres suivants :

Anonyme, *Messagers de l'espoir*, Éditions Martinsart, Romorantin-Lanthenay, 1991, 2e édition.

Arnaud Aristide, *Pompiers de Paris*, Éditions France-Sélection, Aubervilliers, 1985, 2e édition.

Beinat, Arnaud, *Les pompiers ; la vie des sapeurs-pompiers professionnels*, Éditions Pierron, Sarreguemines, 1992.

Collectif, *Les sapeurs-pompiers du monde*, Éditions et diffusions internationales, Paris. Huit volumes parus, à raison d'un tous les deux ans.

Collectif, *Bronzage d'enfer*, Éditions Young et Rubicam Kaena, Montpellier, 1992.

Degove, Patrice et Serrure, Jean-Michel, *Insignes des sapeurs-pompiers français de 1951 à 1987*, Éditions CEDIM, Paris, 1988.

Deville, Joan, *Objets de sapeurs-pompiers*, Éditions Aladin, Versailles, 1993.

Horb, André et Martineau, Jean-Étienne, *30 ans de véhicules d'incendie en France ; du F.I.N. à l'E.A.T.T.*, Éditions E.P.A., Paris, 1977, réédité.

Horb, André et Martineau, Jean-Etienne, *Les véhicules d'incendie en France*, Éditions E.P.A., Paris, 1987.

Mallet, Janette, *Les véhicules d'incendie dans le monde*, Éditions E.P.A., Paris, 1981.

Périer, Jacques, *Les véhicules d'incendie à Lyon*, Éditions du XX mars, Lyon, 1990.

Zitman, Bernard, *Soldats du feu*, Éditions France-Sélection, Aubervilliers, 1984.

Il est possible de s'abonner aux périodiques suivants qui, bien que spécialisés et techniques, publient des articles de fond tant sur les pompiers nationaux qu'étrangers avec descriptions de leur matériel.

** *LE SAPEUR-POMPIER*
Organe de la F.N.S.P.F.
27, rue de Dunkerque, 75010 Paris

** *ALLO 18*
Organe de la B.S.P.P.
89, rue du Docteur-Bauer,
95582 Saint-Ouen Cedex

** *SÉCURITÉ CIVILE ET INDUSTRIELLE*
9-13, rue de la Nouvelle-France,
93303 Aubervilliers Cedex

** *MARINS DU FEU*
9, boulevard de Strasbourg,
13003 Marseille

Photogravure : ERNIO - Saint-Sébastien
Cet ouvrage a été imprimé et relié par l'imprimerie Pollina à Luçon (85) - n° 84068-A
I.S.B.N. : 2.7373.2921.3 - Dépôt légal : octobre 2001 - N° d'éditeur : 4284.01.10.10.01